周易全书

卷一

〔西周〕姬昌 等著
李楠 编译

图书在版编目（CIP）数据

周易全书/［西周］姬昌等著；李楠编译．— 北京：北京工艺美术出版社，2019.12

（品读经典：双色线装）

ISBN 978-7-5140-1592-8

Ⅰ．①周…　Ⅱ．①姬…　②李…　Ⅲ．①《周易》　Ⅳ．①B221.5

中国版本图书馆CIP数据核字（2018）第212462号

出 版 人：陈高潮
责任编辑：陈宗贵
装帧设计：书心瞬意
责任印制：宋朝晖
法律顾问：北京恒理律师事务所
丁玲　罗楠

周易全书

［西周］姬昌等 著　李楠 编译

出　　版　北京工艺美术出版社
发　　行　北京美联京工图书有限公司
地　　址　北京市朝阳区焦化路甲18号
　　　　　中国北京出版创意产业基地先导区
邮　　编　100124
电　　话　（010）84255105（总编室）
　　　　　（010）64283630（编辑室）
　　　　　（010）64280045（发　行）
传　　真　（010）64280045/84255105
网　　址　www.gmcbs.cn
经　　销　全国新华书店
印　　刷　北京楠萍印刷有限公司
开　　本　889毫米×1194毫米　1/16
印　　张　40
版　　次　2019年12月第1版
印　　次　2019年12月第1次印刷
印　　数　1～3000
书　　号　ISBN 978-7-5140-1592-8
定　　价　380.00（全四卷）

前言

《周易》一直被视作『群经之首』已是不争的事实，众多研究者一致认为无论是儒学的『仁爱』思想，还是道家的『无为』理论，都以《周易》为源头、为根基。《周易》一直被视作古老而又灿烂的中国传统文化瑰宝。直至今日，世界多个国家都有周易研究学会，国内目前各类衍生的周易研究团体更是名目尽立、种类繁多。

为了更好地解读这一『群经之首』，领悟先圣的历史智慧，我们出版了这部全新校勘的精注今译版《周易全书》。本书分上下两部，今本《周易》主要由《易经》《易传》两大部分组成。

《易经》的主要内容是六十四卦的卦形符号与卦爻辞。其中，『六十四卦』是由『八卦』两两相重而得，而『八卦』则是由阴阳二爻三叠而成。六十四卦每卦共有六条线条，称为『爻』，六爻的位置称为『爻位』。所谓卦爻辞，是系于卦形符号下的文辞，卦辞每卦一则。总括全卦大意；爻辞每爻一则，分指各爻旨趣。

《易传》，实际上是阐释《易经》经文的专著，包括《彖传》上下篇、《象传》上下篇、《文言》、《系辞传》上下篇、《说卦传》、《序卦传》、《杂卦传》凡七种十篇。因其阐发经文大义，如本经之羽翼，故汉人又称《易传》为《易经》之『十翼』，后世则统称《易传》。

《周易全书》采用的体例结构为：原典+导读+精注+今译+集解，并对原典和古注重新做了点校，体例新颖独特，别具匠心；内容充实全面，能够让读者赏心悦目。《周易全书》将以古籍新姿的面貌与读者见面。

《周易》成书于数千年前，相传《周易》一书起源于甲骨占筮的实践，或许到了殷商末年，周文王写下了六十四卦系的卦辞。后来在春秋时期，孔子的弟子继承了孔子对《周易》的发掘，著了《易传》。《周易》中的一些理论以及推测方法与现代科学相比，正确性相去甚远，毕竟它是古人在未掌握现代科学方法之前所做的主观推断，时代必然造就其历史局限性。从《周易》诞生的那天起，它的每句经文就有多种争论和多种理解，直到今天，也无权威可言。《周易全书》的编者也未作妄想而穷其精义，只希望与读者交流学习，书中或有不妥之处，恳请读者见谅并不吝指正，以期再版时及时更正。

目录

卷三

上篇：《易经》解读

今本周易主要由《易经》和《易传》两大部分组成。《易经》的主要内容是六十四卦的卦形符号与卦爻辞。其中，『六十四卦』是由『八卦』两两相重而得，而『八卦』则是由阴阳二爻三叠而成。六十四卦每卦共有六条线条，称为『爻』，六爻的位置称为『爻位』。所谓卦爻辞，是系于卦形符号下的文辞，卦辞每卦一则，总括全卦大意；爻辞每爻一则，分指各爻旨趣。

上 经

乾卦第一 ䷀

【原典】

乾下乾上[1] 乾，元亨利贞。[2]

初九 潜龙勿用。[3]

九二 见龙在田，利见大人。[4]

九三 君子终日乾乾，夕惕若。厉，无咎。[5]

九四 或跃在渊，无咎。[6]

九五 飞龙在天，利见大人。

上九 亢龙[7]，有悔。[8]

用九 见群龙无首，吉。[9]

【导读】

此卦六爻爻辞，揭示具有开创气质的阳刚元素的发展变化规律，龙由潜而见，由跃而飞，喻示事物的发展是按照由酝酿到发展、由低级到高级的变化过程进行的，并将会向『吉』的方向发展。九三爻辞，谓朝乾夕惕，虽厉无咎，喻示经过奋发努力，可化险为夷、转危为安的道理。但亢龙有悔，一旦轻举妄动就终将有所悔恨，喻『物极必反』、祸福相倚的深刻哲理。

【精注】①乾卦：上卦下卦均为乾，象征天，纯阳至健之美德。『乾』即天，指日影移动的法则。②元亨：顺利大吉。『元』表示天地万物之本始；『亨』指古代祭祀的供品，包括六畜、稻菽和酒；『利』即收获、有利；『贞』，卜问、预测，『贞』在此有『纯正』的含义。乾卦中的『元、亨、利、贞』是古代大型祭典中太宰的赞辞（祝词），以示天地接同。③潜龙：龙是古代人崇信的代表神祇的动物，它能翱游太空，潜藏海底，又可行动如飞，云游西方。龙也是一种阳刚之气的化身。④见：通『现』，指发现。田：指垄亩大田之间。大人：有大才大德之人。⑤君子：指德高之人。乾乾：努力不懈。即健行不息。惕：警惕，小心谨慎。厉：危险。咎：灾祸。⑥或：有似的意思，或者有人或有时，这里是有时的意思。⑦亢：极，高。⑧悔：困厄。⑨用九：无首，即无终结，势在必变中也。

【今译】乾卦　乾象征天。乾的卦象是六条阳爻，表明宇宙的广阔和层出不穷。乾卦以龙为代表，以『君子』代表人类。筮得此卦大吉大利，祥和坚实。

初九　在最开始的时候，像一条潜龙处在相对静止之中伏在深渊，遁世无闻，不轻举妄动，意指暂时不宜施展才能，不会有明显的发展。

九二　随着时间的推移，像一条潜龙出现在田野，崭露头角，有利于大才大德之人出世。

九三　君子刚得过重，以致劳作不息，却终日戒惕忧惧，这样，遇到了危险，虽可以免遭灾祸，但也未免太艰苦卓绝。

九四　此时潜龙已跃出了低渊，有时腾跃而起，有时潜退渊谷，都不会有危险。

九五　潜龙飞上天空利于受到大德大才之人的拥戴。

上九　潜龙飞得过高，必然遭到困厄。

用九　意指新旧事物的转化。天空出现一群巨龙，首尾不见，变化没有穷尽，是很吉利的。

【集解】**乾。元亨利贞。**

案：《说卦》：乾，健也。言天之体以健为用，运行不息，应化无穷，故圣人则之。欲使人法天之用，不法天之体，故名『乾』，不名天也。

《子夏传》曰：元，始也。亨，通也。利，和也。贞，正也。言乾禀纯阳之性，故能『首出庶物』，各得元始、开通、和谐、贞固，不失其宜。是以君子法乾而行四德，故曰『元亨利贞』矣。

疏 案：凡加『案』者，李氏说也。《说卦》曰：乾，健也。虞翻彼注云『精刚自胜，动行不休，故健也』。又《易纬乾坤凿度》曰『乾训健，壮健不息』，是其义也。体，形也。穹隆者，天之形。刚健者，天之用。王蕃《浑天说》曰『周天三百六十五度五百八十九分』。唯其运行不息，是以变化无穷，成四时而育万物，皆天之至健者为之也。则天之圣，至诚无息。不与天同其形，而与天同其用。故『法天之用』，法其健也。『不法天之体』，穹隆之形不可法也。法其用，故『名乾』。不法其体，故『不名天』。李氏云云，盖本孔颖达《正义》文也。

《子夏传》：『元，始也』，《尔雅释诂》文。《春秋公羊传·隐公元年》曰：『元年者何？君之始年也。』《易纬乾凿度》曰：『太初者，气之始也。』《易》出复初，『万物资始』，故云『元，始也』。阳息至三成泰，《序卦传》曰：『泰，通也。』以乾通坤，阴阳相交，故云『亨，通也』。许慎《说文》曰『利从刀，和然后利，从和省』，是『利』与『和』同文。坤来入乾，以成百物，『美利利天下』，故云『利，和也』。『贞，正也』，《师·彖传》文。爻当位曰『正』。二四上皆失位，变而之正，成既济定，则『云行雨施，天下平也』。故云『贞，正也』。『天禀纯阳之性』者，《礼·乐记》曰『天禀阳』是也。唯其性禀纯阳，故能『首出庶物』，而备四者之德。文王欲人法乾而行四德，故特系于《易首曰：『乾，元亨利贞。』

初九。潜龙勿用。

崔憬曰：九者，老阳之数。动之所占，故称阳焉。潜，隐也。龙下隐地，潜德不彰，是以君子韬光待时，未成其行，故曰『勿用』。

《子夏传》曰：龙，所以象阳也。

马融曰：物莫大于龙，故借龙以喻天之阳气也。初九建子之月，阳气始动于黄泉。既未萌芽，犹是潜伏，故曰『潜龙』也。

沈驎士曰：称龙者，假象也。天地之气有升降，君子之道有行藏。龙之为物，能飞能潜，故借龙比君子之德也。

初九既尚潜伏，故言『勿用』。

干宝曰：位始，故称『初』。阳重，故称『九』。阳在初九，十一月之时，自复来也。初九甲子，天正之位，而乾元所始也。阳处三泉之下，圣德在愚俗之中。此文王在羑里之爻也。虽有圣明之德，未被时用，故曰『勿用』。

疏 崔注：《易纬乾凿度》曰『一变而为七，七变而为九。九者，气变之究也』；《说文》曰『阳，九之变也』，故云『九者，老阳之数』。郑玄注云『《周易》以变者为占，故称九称六』，是『动之所占，故称阳焉』。『潜，隐也』，即《文言》『隐而未见』之义也。初阳为复，复主伏蛰，故云『龙下隐地，潜德不彰』也。云『韬光待时，未成其行，故曰勿用』者，即《文言》『行而未成』之义也。

《子夏传》：《九家易·说卦》传曰『乾为龙』。又《说卦传》曰『震为龙』。盖震得乾之一阳，故为龙。《埤雅》曰『龙八十一鳞，具九九之数。九，阳也』，故云『龙所以象阳也』。

马注：《春秋元命苞》：『龙之为言萌也。龙为阴中之阳。』故『借龙以喻天之阳气也』。马君治《费易》者也。费氏无六爻上息之例。『初九建子之月』，谓乾坤十二爻周十二月，即十二月消息卦。非郑氏爻辰乾起子、坤起未，闲时而行六辰之法也。《月令》：『仲冬之月水泉动。』故云『阳气始动于黄泉』也。盖谓初爻值建子之月，阳气始动，而犹潜伏，故曰『潜龙』也。

沈注：假，借也。借龙象以明爻义也。《说文》：『龙，鳞虫之长。能幽能明，能大能小，能短能长。春分而登天，秋分而入渊。』故云『龙之为物，能飞能潜』。而『天地之气有升降，君子之道有行藏』，故『借龙以比君子之德』也。唯其『潜伏』，是以『勿用』也。

干注：郑注《乾凿度》云『《易》气从下生，故位始于下』。《乾凿度》曰『阳变七之九』，故重阳为老称『九』。『阳在初九，十一月之时，自复来』者，以卦气消息言也。卦气之说，始于《易纬稽览图》，以自复至坤十二卦为十二月消息。复一阳初生，子月卦也。历临、泰、大、壮、夬，而成四月之乾。姤一阴初生，午月卦也。历遁、否、观、剥，而成十月之坤。故干氏于乾、坤十二爻皆历言之。此孟喜京房之学也。『初九甲子』者，以纳甲言也。乾纳甲壬，乾之初纳甲子也。京房《易传》『甲壬配内外二象』，陆绩彼注云『乾为天地之首，分甲壬，入乾位』。『甲子』者，支干之首，故云『天正之位，而乾元所始也』。《史记》：『葬始皇骊山，天下徒送诣七十余万人，穿三泉。』师古曰：『三重之泉，言其深也。』

『阳处三泉之下』，以况『圣德在愚俗之中』。唯文王足以当之。《史记·殷本纪》：『纣醢九侯，脯鄂侯。西伯昌闻之，窃叹。崇侯虎知之，以告纣，囚西伯羑里。西伯之臣闳夭之徒，求美女奇物善马以献纣，纣乃赦西伯。』《周本纪》文略同。言文王有圣明之德，未被时用，当困于羑里，与此爻相合，故取以明『潜龙勿用』之义也。

九二。见龙在田，利见大人。

王弼曰：出潜离隐，故曰『见龙』。处于地上，故曰『在田』。德施周普，居中不偏，虽非君位，君之德也。初则不彰，三则乾乾，四则或跃，上则过亢。『利见大人』，唯二、五焉。

郑玄曰：二于三才为地道。地上即田，故称『田』也。

干宝曰：阳在九二，十二月之时，自临来也。二为地上，田在地之表，而有人功者也。阳气将施，圣人将显。此文王免于羑里之日也，故曰『利见大人』。

疏 王注：初为潜龙，二则出潜矣。初龙德而隐，二则离隐矣。出潜离隐，故曰『见龙』。初潜在渊，二见在田，是『处地之上』，故曰『在田』。《文言》曰『德博而化』，故云『德施周普』。二居下中，故云『居中不偏』。居下，故『非君位』。得中，故有『君人之德也』。初隐三厉，四疑上亢。二五得中，故皆『利见大人』。《乾凿度》曰：『大人者，圣明德备也。』孟喜曰：『大人者，圣人德备也。』二为在下之圣人。先儒云『若夫子教于洙、泗，利益天下，有人君之德，故称大人』是也。二有君德，当升坤五，时舍于田，变正体离。《说卦》曰『离为目』，又『相见乎离』，故曰『利见大人』也。

郑注：孔疏引先儒云『一二为地道。三四为人道，五上为天道。二在一上，是九二处其地上。所由食之处，唯在地上，所以称「田」』。即郑义也。

干注：『九二自临来』者，以消息言也。『二为地上』，与郑义同。『田在地之表，而有人功』者，孔疏云『言田之耕稼利益，及于万物盈满，有益于人，犹若圣人益于万物，故称田』是也。临为二阳之卦，二阳自临来，三阳则成泰矣，故云『阳气将施，圣人将显』。而以文王免于羑里之日当之，故曰『利见大人』也。

九三。君子终日乾乾，夕惕若。厉，无咎。

郑玄曰：三于三才为人道。有乾德而在人道，『君子』之象。

虞翻曰：谓阳息至三，二变成离。离为「日」，坤为「夕」。

荀爽曰：「日」以喻君，谓三居下体之终，而为之君。承乾行乾，故曰「乾乾」。「夕惕」以喻臣，谓三臣于五。则疾修柔顺，危去阳行，故曰无咎。

干宝曰：爻以气表，繇以龙兴，嫌其不关人事，故著「君子」焉。阳在九三，正月之时，自泰来也。阳气始出地上而接动物，人为灵，故以人事成天地之功者，在于此爻焉。故君子以之忧深思远，朝夕匪懈。仰忧嘉会之不序，俯惧义和之不逮，反复天道，谋始反终，故曰「终日乾乾」。此盖文王返国，大厘其政之日也。凡无咎者，忧中之喜，善补过者也。文恨早耀，文明之德，以蒙大难，增修柔顺，以怀多福，故曰「无咎」矣。

疏 郑注：六爻位象三才。三为内卦之终，人道之始，而有参天地之功，故五爻皆以龙兴，而九三独称「君子」。《春秋元命苞》曰「阳成于三」，是三为乾主，故云「有乾德而在人道，君子之象」。《经》言「君子」，多谓九三，以此也。

虞注：昔伏羲作十言之教，谓「乾、坤、震、巽、坎、离、艮、兑、消息」是也。《剥·彖传》曰：「君子尚消息盈虚。」《易纬》曰：「圣人因阴阳起消息，立乾坤以统天地。」是「消息」者，固圣人所以立卦推爻，《系》、《彖》、《象》之旨也。汉人说《易》，多主消息。孟喜、荀爽、郑玄而外，虞氏尤详。息，长也。阳长至三为泰。二失位，变正成离。「离为日」，《说卦》文。泰上卦坤冥为夕。

案：下体终三，故曰「终日」。息三成泰，否道将反，以乾接乾，故曰「乾乾」。虞注震六五云「厉，危也」。详见彼注。二变。三互坎为「惕」。泰、否之际，阳道危，故「夕惕若，厉」。正位，故无咎也。

荀注：一爻之义而君臣异喻者，以侯国之君言也。在一国则为君，在天下则为臣。盖卦有内外，故一爻而君臣并见焉。《博雅》曰：「日，君象也。」日主阳，君，阳也，故「日以喻君」。三居下体之上，为内卦之君。上承天子之乾，以行诸侯之乾，故曰「乾乾」。夕主阴，臣，阴也，故「夕以喻臣」。《系辞下》曰「三与五同功」，三承乎五则为臣。臣不可以过刚，故必疾修柔顺之道，以危去阳刚之行，则「无咎」也。

干注：「爻以气表」者，谓九六也。「繇以龙兴」者，谓五爻皆取象于龙也。三有人道，著乎「君子」，关人事也。「三自泰来」者，阳息至三成泰也。正月之时，阳气始出地上，而接乎动物。人为万物之灵，而居一卦之主。《泰·象传》曰「裁成天地之道，辅相天地之宜」，在乎此爻。故云「阳在九三，正月之时，自泰来也」。君子知其任重责大，是以『忧深思远，朝夕匪懈』。『仰忧嘉会之不序』，谓亨也。『俯惧义和之不逮』，谓利也。『反复天道，谋始反终』，『始』谓元，『终』谓贞也。君子修此四德，故曰『终日乾乾』。而唯文王返国厘政之日，足以当之。三不得中，上应乎亢，宜有咎矣。然得正而能朝乾夕惕，是以『无咎』。《系辞上》曰『无咎者，善补过者也』，故云『凡无咎者，忧中之喜，善补过者也』。文为西伯，文明之德耀乎天下，为飞廉所谗，故纣忌之，遂蒙羑里之难。及返其国，增修柔顺之德，以怀多福，是以『无咎』。《大学》曰『为人君止于仁，为人臣止于敬』，实得此爻之义，而与荀说亦合也。

九四。或跃在渊，无咎。

崔憬曰：言君子进德修业，欲及时。犹龙自试跃天，疑而处渊。上下进退，非邪离群，故无咎。

干宝曰：阳气在四，二月之时，自大壮来也。四，虚中也。跃者，暂起之言，既不安于地，而未能飞于天也。四以初为应，渊，谓初九甲子，龙之所由升也。『或之者，疑之也』。此武王举兵孟津，观衅而退之爻也。守柔顺，则逆天人之应。通权道，则违经常之教。故圣人不得已而为之，故其辞疑矣。

疏 崔注：此皆以《文言》释爻辞也。九三乾惕，『进德修业』也。九四或跃，则『欲及时』自试矣。四变正成巽，《说卦》曰『巽为进退，为不果』，故『或』之。亦犹龙欲自试，上跃于五，又疑而退处于初。然上下非为邪，进退非离群，故得无咎也。

干注：阳息至四，时当二月，体《大壮》，故『自大壮来』。三四于三才居六爻之中。三去地近，有人道焉。四则上不在天，下不在地，中不在人，故『虚中』也。大壮四在震。《说卦》曰『震为足』，又曰『震，动也』。『跃者，暂起之言』，言足有动象也。下不在地，上不在天，故云『既不安于地，而未能飞于天也』。四与初应。『渊谓初九甲子』者，子水在渊也。子，十一月冬至之卦。于时群动皆蛰，蛰极后启，而渊又为水，故云『龙之所由升也』。『或之者，疑之也』，《文言》文。武王举兵孟津，观衅而退，足当此爻之义。守柔顺，则逆天人之应，故欲退不能；通权道，则违经常之教，故欲进不可。进退两难，不得已而为奉天伐暴之举，故疑而不果。其所望于纣之改过自新者，志固可量也。

九五。飞龙在天，利见大人。

郑玄曰：五于三才为天道。天者，清明无形，而龙在焉，飞之象也。

虞翻曰：谓四已变，则五体离。离为『飞』，五『在天』，故『飞龙在天，利见大人』也。谓若庖牺观象于天，造作八卦，备物致用，以利天下。故曰『飞龙在天』，天下之所利见也。

干宝曰：阳在九五，三月之时，自夬来也。五在天位，故曰『飞龙』。此武王克纣正位之爻也。圣功既就，万物既睹，故曰『利见大人』矣。

疏 郑注：六爻五上为天。上浮者为气，其气清明而无形。《说文》曰：『龙，春分而登天。』四于消息为二月，春分之时，已有跃跃自试之势。五则飞而在天矣，故云『飞之象也』。

虞注：四失位，变得正，则五互离也。『离为飞』者，《说卦》曰『离为雉』，郭璞《洞林》云『离为朱雀』，是离有飞鸟之象也，故为『飞』。五在天位，即郑氏所谓『五于三才为天道』也。《文言》虞注云『日出照物，物皆相见』，故『飞龙在天，利见大人也』。又《系辞》注云『文王书《经》，系庖牺于乾五』。庖牺即太皞也。《家语五帝德》『太皞配木』。《左传·昭公十七年》：『太皞氏以龙纪，故为龙师而龙名。』庖牺盖以木德王，而以龙纪官者也。《月令》云『季春之月，其帝太皞』，于时为夬，于位为君，于五帝为居首，于八卦为开始，故以庖牺当之。王逸《天问注》云『言伏羲始作八卦，修行道德，万民登以为帝』是也。《象》曰『大人造也』，故云『观象于天，造作八卦』。《系辞下》曰『作结绳而为罟，以田为鱼，盖取诸离』，四变体离，故云『备物致用，以利天下』。《文言》曰『圣人作而万物睹』，故云『飞龙在天，天下之所利见也』。

干注：阳息至五，于卦为夬，于月为辰。辰于象属龙，五于六爻为天位，故有『飞龙在天』之象。唯武王克纣正位，足以当之。圣功既就于上，万物自睹于下。所谓『圣人作而万物睹』者，即『利见大人』之义也。扬雄云：『龙之潜亢，不获中矣。过中则惕，不及中则跃。二五其中乎，故有「利见」之占。』

上九。亢龙，有悔。

王肃曰：穷高曰『亢』。知进忘退，故悔也。

干宝曰：阳在上九，四月之时也。亢，过也。乾体既备，上位既终。天之鼓物，寒暑相报；圣人治世，威德相济；武功既成，义在止戈。盈而不反，必陷于悔。

案：以人事明之，若桀放于南巢，汤有惭德，斯类是也。

疏 王注：以阳刚之爻，处极上之位，高亢极矣，故曰『穷高』。九四处上之下，犹知进退。上九居上之上，故『知进忘退』。知进退，故无咎。知进而不知退，故『有悔』。《系辞上》曰『震无咎者存乎悔』，明当变之正也。

干注：阳息至上，则为纯乾，四月之卦也。『亢，过也』者，谓阳过而亢也。乾体既备，上位既终。《系辞下》曰：『易穷则变，变则通，通则久。』若穷而不知变，则盈不久也。天之生物，寒往则暑来，暑往则寒来，寒暑不相报，则物不成。圣人之治世，宽则济以猛，猛则济以宽，德威不相济，则世不治。《左传·宣公十二年》曰『夫文，止戈为武』。若武功既成而不知止戈之义，盈而不久，未有不殆，夸志多穷之悔者也。

愚案：《书》曰『满招损』。《家语》：『孔子观于周庙，有攲器焉。使子路取水试之，满则覆，中则正，虚则攲。』虞氏《系注》云『乾盈动倾故有悔』，即此义也。

案：《商书·仲虺之诰》曰：『成汤放桀于南巢，惟有惭德，曰「子恐来世以台为口实」。』以臣伐君，亢而有悔。独举汤者，以放伐之事始于汤也。

用九。见群龙无首，吉。

刘瓛曰：总六爻纯阳之义，故曰『用九』也。

王弼曰：九，天之德也。能用天德，乃『见群龙』之义焉。夫以刚健而居人之首，则物之所不与也；以柔顺而为不正，则佞邪之道也。故乾吉在『无首』，坤利在『永贞』矣。

疏 刘注：《乾凿度》曰：『阳动而进，变七之九。阴动而退，变八之六。』故九为阳爻之变，六为阴爻之变。凡卦皆有九六，独乾、坤二卦言『用九』『用六』者，以乾纯阳、坤纯阴也。盖乾惟用九故能变，坤惟用六故能化。阳变阴化，以成六十四卦，三百八十四爻，皆此用九用六者为之也。故于二卦特明其用。又六阳皆变，故曰『用九』，其例起于后儒。然《春秋传》蔡墨曰『乾之坤曰「见群龙无首吉」』，是六爻变则为坤，亦古义也。

王注：九，阳也。阳为天德，故云『天之德也』。圣人体乎乾元，能用天德，则见群龙之义焉。以刚健而居人首，则物所必忌。以柔顺而为不正，则邪所由生。『乾之吉在无首』者，不以刚健居人首也。『坤之利在永贞』者，不以柔顺为不正也。且乾为首，变坤则『无首』。直正为贞，坤变成乾，健则能永，故『永贞』。乾刚变坤，则济以柔。坤柔变乾，则济以刚。故『乾吉在无首，坤利在永贞』。余详坤卦用六。

坤卦第二 ䷁

【原典】

坤下坤上 坤①，元亨，利牝马之贞。君子有攸往，先迷后得主，利。西南得朋，东北丧朋。安贞吉。②

初六 履霜，坚冰至。

六二 直、方、大，不习，无不利。③

六三 含章，可贞。或从王事，无成有终。④

六四 括囊，无咎无誉。⑤

六五 黄裳，元吉。⑥

上六 龙战于野，其血玄黄。⑦

用六 利永贞。⑧

【导读】

坤卦的卦爻辞性属阴柔，以象征大地母亲那艰苦奋斗，滋育子孙的胸襟与德行。强调坤的柔弱、顺从、居下的特性，主张柔顺地辅助君主。其中『履霜，坚冰至』是对自然气候变化规律的描述，含有事物发展由量变到质变的深刻哲理。

【精注】

①坤卦：上卦下卦均为坤，坤为地，象征宇宙纯阴至顺的灵德。坤也有伸的意思。②元亨，利牝马之贞：元亨，指前途非常亨通、顺利。牝马，母。『乾为马』，而马代表天，为阳性；坤卦言『牝马』则属阴性，故称地。攸：所。因此说坤在『东北丧朋』。③直、方、大：天圆地方，博大无边，这里表示坤之德性。直：正直；方：端方；大：宏大。④章，文采绚丽，指美德。王：指乾，指君王。⑤括囊：束紧口袋，缄口不言。⑥黄裳：黄色服饰。黄色在『五色』之中，象征中道，中色。裳，下服。古时服装上称衣，下称裳，裳居下，象征谦下。所以说『黄裳，元吉』。⑦龙战：指阴阳交合。阴极阳来而阴气未消。所以有阴阳二气交合的『龙战』之象。玄黄：玄为天色，黄为地色。所谓玄黄是天地色混杂不明阴阳互渗难别。⑧永贞：占问长久之吉凶。

【今译】坤：像大地一样柔顺和包容。坤卦上可承乾天，下可容天物，表现了大地的广博。筮得此卦大吉大利，尤其有利于占问牝马之德性。君子出行，筮得此卦，不宜先行。始则迷失方向，继而可寻得所在追求的目标。宜往西南方向，坤与西南合，西南为乾，不要往东北方向，东北为艮，为山。往西南能够遇到朋友，往东北则遇不到志同道合的人。如果占问是否平安，筮得此卦可获吉祥。

初六　踏着薄霜，可以推断坚硬的冰块就要冻结成了，预示严寒将至，这是见微知著，说明乾阳已转化，开始了坤阴的时间运转。

六二　平直、方正、辽阔是大地的特点，即使前往陌生的地方，也没有什么不利的。

六三　具备着美好品德，无成而有终。辅佐君王成就大业，起初可能无所建树，最后总能恪尽臣职，得到好的结果。

六四　韬光养晦，守口如瓶，可以免遭灾祸，但是只能求无过，却不能获得美誉。

六五　穿着黄色裙裳，保持恭顺的德性，结果大利。

上六　龙战于原野，血流遍地，两败俱伤。

用六　通观此卦可得知天地初开，地离不开天，天离不开地。这是天地运行之道。依此行动，则吉。

【集解】**坤。元亨，利牝马之贞。**

干宝曰：阴气之始，妇德之常，故称『元』。与乾合德，故称『亨』。行天者莫若龙，行地者莫若马，故乾以龙繇，坤以马象也。坤，阴类，故称『利牝马之贞』矣。

虞翻曰：谓阴极阳生，乾流坤形，坤含光大，凝乾之元，终于坤亥，出乾初子，『品物咸亨』，故『元亨』也。坤为『牝』，震为『马』。初动得正，故『利牝马之贞』矣。

疏　干注：坤为阴，凡阴气皆由是始，故云『阴气之始』。『始』即『元』也。『妇德之常亦称元』者，坤，『地道也，妻道也』。《谷梁传·庄公三年》曰：『独阴不生，独阳不生，独天不生，三合然后生。』《六书精蕴》曰：『元，天地之大德，所以生生者也。』天无地不生，夫无妻不生，故『妇德之常亦称元』

也。亨，通也。以乾通坤为『亨』，故云『与乾合德，故称亨』也。『行天莫若龙』者，《说文》所云『龙，春分而升天』，『本乎天者亲上』也。『行地莫若马』者，《春秋说题辞》『地精为马』，『本乎地者亲下』也。龙上行天，故『乾以龙繇』。马下行地，故『坤以马象也』。《说文》：『牝，畜母也。』坤为母，阴类也，故『利牝马之贞』。

虞注：《乾·彖传》曰『云行雨施，品物流形』，虞彼注云『已成既济，上坎为云，下坎为雨。乾以云雨，流坤之形』。盖乾之坤成坎，故云『阴极阳生』。『在地成形』，故坤为『形』。阳施则阴生，故云『乾流坤形』。『含宏光大』，坤之德也。初六《象传》曰『阴始凝也』，坤消乾自初始，乾初为『元』，故云『凝乾之元』。坤之一阴始于姤，姤消自午，而终亥成坤，至复一阳复生，出于乾初而息子，故云『坤终于亥，出乾初子』。乾、坤交通，故『品物咸亨』，是以『元亨』。『坤为牝』，《九家易说卦》文。震于马为善鸣，故为『马』。初动，坤变为震，阳居阳位，故『得正』。贞，正也。故『利牝马之贞』。盖坤之『元亨』，皆乾为之。《易》者乾阳，地道资生，与天合德，故义取凝乾出震。六爻皆息乾，『利贞』独言初者，乾之元也。坤不成既济，则六爻不正矣。

君子有攸往，先迷后得主，利。

虞氏曰：『坤，臣道也，妻道也』，后而不先，先则迷失道矣，故曰『先迷』。阴以阳为『主』，当后而顺之，则利，故曰『后得主，利』。

《九家易》曰：坤为『牝』，为『迷』。

疏 虞注：『臣道也，妻道也』，《文言》文。臣后乎君，妻后乎夫，如当后而先之，则迷失臣道妻道矣。『阴以阳为主』者，如臣以君为主，妻以夫为主。能后而顺之，则得主而有利矣。

案：坤贞十月亥，先坤者，九月剥也。后坤者，十一月复也。《剥·上九》曰『小人剥庐』，虞彼注云上变灭艮，坤阴迷乱，故小人剥庐。复初体震。《序卦》曰『主器者莫若长子，故受之以震』，是震为『主』。震主一阳，即虞氏所谓『阴以阳为主』也。《剥》曰『不利有攸往』，以迷乱也。复曰『利有攸往』，以得主也。坤由剥至复，故『君子有攸往』。先来自剥，则『迷』。后出为震，则『得主利』也。

《九家》注：此《九家易说卦》逸象也。坤为母，故为『牝』。坤晦冥，故为『迷』。

西南得朋，东北丧朋，安贞吉。

崔憬曰：妻道也。西方坤兑，南方巽离，二方皆阴，与坤同类，故曰『西南得朋』。东方艮震，北方乾坎，二方皆阳，与坤非类，故曰『东北丧朋』，以喻在室得朋，犹迷于失道，出嫁丧朋，乃顺而得常。安于承天之正，故言『安贞吉』也。

疏 『妻道也』者，谓坤为母而有妻道。巽长女，离中女，兑少女。坤位西南，兑正西。巽东南，离正南。女从乎母，故云『二方皆阴，与坤同类』，而曰『西南得朋』也。乾为父，震长男，坎中男，艮少男。艮位东北，震正东。乾西北。坎正北。男从乎父，故云『二方皆阳，与坤非类』，而曰『东北丧朋』也。以喻女子在室，得阴为朋；虽迷失事夫之道，正也。既出嫁，虽丧阴朋而得阳主，乃柔顺而得妇道之常，以安于承天之正，亦正也。故曰『安贞吉』。《论语》曰：『君子群而不党。』『群』即『得朋』，『不党』即『丧朋』。得朋丧朋，以其能安于正，故吉也。或以爻辰释之。言坤初六贞未，未位西南，故曰『得朋』。六四在丑，丑位东北，故『丧朋』。义亦可通。又虞以纳甲言之，详见后。

初六。履霜，坚冰至。

干宝曰：重阴，故称『六』。刚柔相推故生变，占变故有爻，《系辞》曰『爻者，言乎变者也』，故《易·系辞》皆称『九』『六』也。阳数奇，阴数偶，是以乾用一也，坤用二也。阴气在初，五月之时，自姤来也。阴气始动乎三泉之下，言阴气动矣，则必至于『履霜』，履霜则必至于『坚冰』，言有渐也。藏器于身，贵其俟时，故阳在潜龙，戒以勿用。防祸之原，欲其先几，故阴在三泉，而显以履霜也。

疏 《乾凿度》曰『阴变八之六』，郑注『阴动而退，变八之六，象其气消也。』《广韵》：『三两为六，老阴数也。』故云『重阴称六』。刚动变柔，柔动变刚，故『刚柔相推则生变』也。动则观变玩占而爻生焉，故『占变则有爻』也。『爻者，言乎变者也』，《系辞上》文。虞彼注云『谓九六变化』，故『《系》、爻辞皆称九六也』。乾用一，成于七而重于九，皆奇数。坤用二，成于八而重于六，皆偶数也。阴之消阳，始于五月姤初，成于九月剥上，至十月剥尽而成坤，故知坤初『自姤来也』。《释水》『滥泉』、『沃泉』、『氿泉』，亦谓『三泉』。又见乾注。三泉初动，震为足，故曰『履』。又履一阴之卦自姤来，姤初即坤初，故称『履』也。九月剥，《月令》：『季秋之月霜始降』。十月坤，《月令》：『孟冬之月水始冰』。言三泉之下，阴气始动，其渐必至于『履霜』而成剥，履霜必至于『坚冰』而成坤。防微杜渐，故不可不慎于初也。未复引乾初以明之者，盖以时之未至，贵于能待，故云『藏器于身，贵其俟时』。祸之未至，贵于预防，故云『防祸之原，欲其先机』。能待则不至于亢而有悔，故『阳在潜龙，而戒以勿用』。预防则不至于战而道穷，故『阴在三泉，而显以履霜也』。

六二。直、方、大。

荀爽曰：大者，阳也。二应五，五下动之，则应阳出直，布阳于四方。

疏 泰『大来』谓阳在内，否『大往』谓阳在外，故知『大者，阳也』。《九家易·说卦》：『乾为直。』《系辞上》曰『夫乾，其动也直』，故乾为『直』。《文言》曰『坤至静而德方』，故坤为『方』。坤与乾旁通，坤二上应乾五。五动于乾，下应坤二，坤二即应阳而动，以之乾五。应阳，故『出直』。动直，故『阳气布于四方』。阳动至二体临，《序卦》曰『临者，大也』，故曰『大』。

不习，无不利。

荀爽曰：物唱乃和，不敢先有所习。阳之所唱，从而和之，『无不利』也。

干宝曰：阴气在二，六月之时，自遁来也。阴出地上，佐阳成物，臣道也，妻道也。臣之事君，妻之事夫，义成者也。臣贵其直，义尚其方，地体其大，故曰『直方大』。士该九德，然后可以从王事；女躬四教，然后可以配君子。道成于我而用之于彼，不妨以仕学为政，不妨以嫁学为妇。故曰『不习无不利』也。

疏 荀注：阴随乎阳者也，阳唱于先，阴和于后，故『物唱乃和，不敢先有所习』也。阳动阴随，所以『无不利』也。

干注：阴消至二，为六月遁，故知坤二自遁来也。初二为地道，二在地上，故云『阴出地上』。万物皆始于天而成于地，故云『佐阳成功』。地道即『臣道妻道』。臣事君，妻事夫，皆义主于成人者也。臣事君以直，则不入于邪，妻事夫以方，则不蹈于淫，亦犹地以『广生』成天之『大生』，而德合无疆也，故曰『直方大』。『九德』，《皋陶谟》『宽而栗、柔而立、愿而恭、乱而敬、扰而毅、直而温、简而康、刚而塞、强而义』是也。『九德』者，臣道之本，故『士该九德，然以从王事』。『四教』即《天官》九嫔掌妇学以教九御，『妇德、妇容、妇功』是也。『四教』者，妻道之常，故『女躬四教，然后配君子』。惟道成于我，故『不习』，所以用之于彼，『无不利』。『不妨以仕学为政』者，『仕而优则学』也，故不必学为政然后仕。『不妨以嫁学为妇』者，『未有学养子而后嫁者也』，故不必学为妇然后嫁。故『不习无不利』。

愚案：《系辞下》曰『坤，天下之至顺也』，又曰『德行恒简以知阻』。六二得中得正，应阳而动，有『直方大』之德，故『顺』，顺故『简』，简故『不习』。『知阻』故『无不利』，所谓因其势而利导之者也。

六三。含章，可贞。

虞翻曰：贞，正也。以阴包阳，故『含章』。三失位，发得正，故『可贞』也。

疏 『贞，正也』，《师·彖传》文。坤本含乾，又三为阳位，六为阴爻，以六居三，故云『以阴包阳』。孔疏云『章，美也』，美即阳也。『以阴包阳』，故曰『含章』。阴在三为失位，《象》曰『以时发也』，动阳得正，故曰『可贞』。

愚案：《考工记》曰『赤与白谓之章』，盖坤位西南，万物成于致役之时，故『赤与白曰章』。『章』即坤也。《系辞上》曰『夫坤，其静也翕』，又兑口自坤三往也，故曰『含章』。

或从王事，无成有终。

虞翻曰：谓三已发成泰，乾为王，坤为事，震为从，故『或从王事』。地道无成而有终，故『无成有终』。

干宝曰：阴气在三，七月之时，自否来也。阳降在四，三公位也。阴升在三，三公事也。上失其权，位在诸侯。坤体既具，阴党成群，君弱臣强，戒在二国。唯文德之臣，然后可以遭之，运而不失其柔顺之正。坤为文，坤象既成，故曰『含章可贞』。此盖平襄之王，垂拱以赖晋郑之辅也。苟利社稷，专之则可，故曰『或从王事』。迁都诛亲，疑于专命，故亦『或』之。失后顺之节，故曰『无成』。终于济国安民，故曰『有终』。

疏 虞注：初二已动，三发则成泰。《说卦》曰『乾为君』，又曰『乾以君之』，故『乾为王』。坤『致役』，故为『事』。荀子曰『臣道知事』，坤臣道，故『坤为事』。《说卦》曰『震为馵足』，《释兽》：『左白馵云。』《说文》：『馵，马后左足白也。』虞注《说卦》云『震为左、为足』，《唐韵》云『左步为彳』，『从』从彳，故『震为从』。泰内乾为『王』，外坤为『事』，互震为『从』。三虽体乾，不敢当王，故别取震象而曰『从王事』。乾九四『故或之』，虞注云『非其位，故疑之』，此亦非位，故曰『或从王事』也。《文言》曰『地道无成而代有终』，故引以明『无成有终』之义。

干注：阴消至三，为七月否，故知坤三自否来也。阳当居二，否阴升三，出于地上。阳当居五，否四为阳，是『阳降在四』矣。《乾凿度》：『三为三公。』三本阳位，阳降在四，本由于三，故以『阳降在四』为『三公位也』。

六三居三之位，是『阴升在三』而行『三公之事也』。阴升于三象『诸侯』，人为『三公』，否乾犹在上用事，故云『上失其权，位在诸侯』也。阴升至三，坤体既具，是『君弱臣强』之势。臣与君并是谓二国，故『戒在二国』也。唯有文德之臣，能遭其时而不失柔顺之正。『坤为文』，《说卦》文。消至三，坤象成，故曰『含章可贞』。云『此盖平襄之王，垂拱以赖晋郑之辅也』者，《左传·隐公元年》曰『我周之东迁，晋郑焉依』。《周语》曰『襄王十三年，凡我周之东迁，晋郑是依』，《晋语》曰『郑先君武公与晋文侯，戮力一心，股肱周室，夹辅平王』，杜预《左传注》云『幽王为犬戎所杀，平王东迁，晋文侯郑武公左右王室，故曰晋郑焉依』。盖平王东迁，传及襄王，垂拱南面，皆赖二国之辅，故引之以明柔顺守正之意也。《公羊传·庄公十九年》曰：『聘礼，大夫受命不受辞。出境，有可以安社稷、利国家者，则专之可也。』故云『苟利社稷，专之则可』。言三居强位，能以柔顺而事弱君，故曰『或从王事』也。《左传·昭公二十六年》曰『至于幽王，天不吊周，王昏不若，用愆厥位。携王奸命，诸侯替之，而建王嗣，用迁郏鄏』，携王，注『谓伯服』。《竹书纪年》：『伯服杀死虢公翰，立王子余臣子摧。』是为摧王，后为晋文侯所杀。此『迁国诛亲，疑于专命』之事也。『故亦或之』者，言六本柔顺，能守臣节，而与乾四同辞者，乾四阳居阴，坤三阴居阳，皆不得正，故皆曰『或』。『或之者，疑之也』。但后顺之节不可失，故戒以『无成』。而济国安民贵能终，故勉以『有终』。

愚案：三与上应，上卦未成，故『无成』。三居下卦之终，故『有终』。且三变正为谦，谦九三曰『劳谦君子有终吉』，即此义也。

六四。括囊，无咎无誉。

虞翻曰：括，结也。谓泰反成否，坤为囊，艮为手，巽为绳，故『括囊』。在外，多咎也。得位承五，『系于包桑』，故无咎。阴在二多誉，而远在四，故『无誉』。

干宝曰：阴气在四，八月之时，自观来也。天地将闭，贤人必隐。怀智苟容，以观时衅。此盖宁戚、蘧瑗与时卷舒之爻也。不艰其身则『无咎』，功业不建故『无誉』也。

疏 虞注：《说文》：『絜，括也。』《大学》：『是以君子有絜矩之道』也。郑注『括，犹结也』，故『括』训『结』也。乾息至三成泰，至四则泰反成否。《文言》曰『天地闭，贤人隐』，故知泰成否也。『坤培育为囊』，

《九家·说卦》文。坤中虚，故为『囊』。『艮为手』，『巽为绳』，《说卦》文。否内坤为『囊』。内互四为艮手，外互四为巽绳，故有括象。坤在内而括在外。外，四也。四近五多惧，故多咎。然四阴得位，上承五阳，《否·九五》曰『休否，大人吉。其亡其亡，系于包桑』，故无咎。《系辞下》曰『二与四同功』。『二多誉』者，二阴得中，且应五也。『四多惧』者，四不得中，且近五，故『无誉』。

干注：阴消至四，为八月观，故知坤四自观来也。方其未消为否，有『天地闭，贤人隐』之象，故惟有『怀智苟容，以观时衅』，如囊斯括可矣。云『此盖宁戚、蘧瑗与时卷舒之爻也』者，《淮南子》：『宁戚欲干齐桓公，困穷无以自达。于是为商旅，将任车以商于齐，暮宿于郭门外。桓公迎郊客，夜开门，辟任车，爝火甚众。戚饭牛车下，击牛角而疾商歌。桓公闻之曰「异哉，非常人也」。命后车载之，因授以政。』《左传·襄公十四年》：『卫献公戒孙文子宁惠子食，皆服而朝，日旰不召，而射鸿于囿。二子从之，不释皮冠而与之言。二子怒，孙文子如戚。孙蒯入使，公饮之酒，使大师歌《巧言》之卒章。大师辞，师曹请为之。蒯惧，告文子。文子曰：「君忌我矣，弗先必死。」并帑于戚，而入见蘧伯玉曰：「君子暴虐，子所知也。大惧社稷之倾覆，将若之何？」对曰：「君制其国，谁敢奸之？奸之，庸知愈乎？」遂行，从近关出。』又《左传·襄公二十六年》：『初，献公使与甯喜言。甯喜曰：「必子鲜在，不然必败。」故公使子鲜。子鲜以公命与甯喜言，曰：「苟反，政由甯氏，祭则寡人。」甯喜告蘧伯玉。伯玉曰：「瑗不得闻君之出，敢闻其入？」遂行，从近关出。』盖时当否闭，二子委蛇随俗，合『括囊』之义，故援以证之。不以身试艰难，故无咎。亦不能大建功业，故『无誉』。

六五。黄裳，元吉。

干宝曰：阴气在五，九月之时，自剥来也。剥者，反常道也。『黄，中之色。裳，下之饰。元，善之长也。中美能黄，上美为元，下美则裳。』阴登于五，柔居尊位，若成、昭之主，周、霍之臣也。百官总己，专断万机，虽情体信顺，而貌近僭疑，周公其犹病诸。『言必忠信，行必笃敬』，然后可以取信于神明，无尤于四海也。故曰『黄裳元吉』也。

疏 阴消至五，为九月剥，故知坤五自剥来也。以六阴居九五之位，故云『剥者，反常道也』。『黄，中之色。裳，下之饰。元，善之长也。中美能黄，上美为元，下美则裳』，皆《左传·昭公十二年》文。盖南蒯枚筮，遇坤之比，子服惠伯释其义如此也。《文言》曰『天玄而地黄』，《九家·说卦》曰『坤为黄』。《说文》：『坤从土从申。』

坤位未申之维，《月令》曰「季夏之月中央土」。《郊特牲》曰「黄者，中也」，故云「黄，中之色」。《九家·说卦》曰「坤为裳」，《系辞下》曰「黄帝尧舜垂衣裳而天下治，盖取诸乾坤」，虞彼注云「乾在上为衣，坤下为裳」，故云「裳，下之饰」。《彖》曰「至哉坤元」，《九家》注云「坤者纯阴，配乾生物，亦善之始」，故云「元，善之长也」。「黄中通理」，故云「中美能黄」。「元首明哉」，故云「上美为元」。「垂衣裳而天下治」，故云「下美则裳」。六阴登五，是以「柔居尊位」也。云「若成、昭之主，周、霍之臣也」者，《明堂位》：「武王崩，成王幼，周公践天子之位，以治天下。六年，朝诸侯于明堂，制礼作乐，颁度量而天下服。七年，致政于成王。」《汉书·昭帝纪》：「年八岁，武帝崩，即皇帝位。大将军光秉政，上官桀诈使人为燕王旦上书言光罪。时上年十四，觉其诈。后有谮光者，上辄怒曰：「大将军，国家忠臣，先帝所属，敢有谮毁者，坐之。」光由是得尽忠。」二公辅佐幼主，百官总己以听，专断万机，中虽信顺，而外貌略近僭疑。以周公之圣，犹有流言，况霍光乎。「言必忠信，行必笃敬」，本《论语》文。惟忠信笃敬，然后幽可取信于神明，明可无尤于四海也。《左传》曰：「中不忠，不得其色；下不共，不得其饰。」今黄在中，则中自忠；裳饰下，则下自共。所以事无不善而得其吉也，故曰「黄裳元吉」。

上六。龙战于野。

荀爽曰：消息之位，坤在于亥，下有伏乾，为其兼于阳，故称「龙」也。

疏 阴之消阳，至上而极，乾尽则成坤。坤位在十月亥，亥居西北，乾方也。《乾凿度》曰「阳始于亥」，又曰「乾制之于西北，方位在十月」是也。坤于消息在亥，乾于方位在亥，故云「坤在于亥，下有伏乾」。《文言》曰「为其兼于阳」者，以坤兼乾也。震得乾之一阳为龙，「故称龙焉」。乾居西北广莫之方，故称「野」。《说卦》曰「战乎乾」，崔氏注「谓阴阳相薄」是也。坤阴至上，与乾阳战于西北亥方，故曰「龙战于野」。

其血玄黄。

《九家易》曰：实本坤体，「未离其类，故称血焉」，血以喻阴也。「玄黄，天地之杂」，言乾、坤合居也。

侯果曰：坤，十月卦也。乾位西北，又当十月。阴穷于亥，穷阴薄阳，所以战也，故《说卦》云「战乎乾」是也。六「称龙」者，阴盛似龙，故「称龙」也。

干宝曰：阴在上六，十月之时也。爻终于酉而卦成于乾，乾体纯刚，不堪阴盛，故曰「龙战」。戌亥，乾之都也，

『故称龙焉』。阴德过度，以逼乾战。郭外曰郊，郊外曰野。坤位未申之维，而气溢酉戌之间，故曰『于野』。未离阴类，故曰『血』。阴阳色杂，故曰『玄黄』。言阴阳离则异气，合则同功，君臣夫妻，其义一也。故文王之忠于殷，仰参二之强，以事独夫之纣，盖欲弥缝其阙，而匡救其恶，以祈殷命，以济生民也。纣遂长恶不悛，天命殛之，是以至于武王，遂有牧野之事，是其义也。

疏 《九家》注：《文言》曰『犹未离其类』者，未离乎坤也。『故称血焉』者，坤阴类，血亦阴类，故『血以喻阴也』。坤亥临于乾亥，『天玄地黄』，故云『玄黄，天地之杂』。《乾凿度》曰『乾、坤气合戌亥』，故云『乾、坤合居也』。

愚案：上与三应，上为阴位，三为阳位，『阴疑于阳必战』。战则变三，失位变正，互坎为血卦，互震为玄黄，故曰『其血玄黄』。

侯注：坤于消息，十月亥卦也。乾居西北，又当十月亥方也。坤阴穷于亥位，乾阳即始于亥方，以穷阴薄乎阳方，阴阳相疑故战。《说卦》曰『战乎乾』是也。『阴盛似龙』者，阴有伏阳，故『六亦称龙也』。

干注：剥尽成坤，故『上六为十月之时』。『爻终于酉』者，坤上六纳癸酉也。『而卦成于乾』者，阴消乾至上。始成坤也。乾本纯刚之体，不堪阴盛来消，阴阳相薄，故曰『龙战』。乾，西北之卦。《乾凿度》：『乾位在十月而渐九月，居乎戌亥之间。』故云『戌亥，乾之都也』。《广韵》：『天子所居曰都。』乾为君，故所居称都。上六在亥，为乾之都，『故称龙焉。』乾象既盈，坤道至盛，阳功既讫，当返入坤中，出震牝乾，坤德乃备，是阴德过度，以逼乾而为龙战也。『郭外曰郊，郊外曰野』，本《鲁颂》毛传文，但『郭』称『邑』耳。坤居西南，《乾凿度》：『坤位六月而渐七月。』故『位于未申之维』。云『溢于酉戌之间』者，溢于酉戌则亥也。言『酉戌』者，爻终于酉，以为端也。自未申至酉戌远，故曰『野』。龙中属乾，然上本坤卦，未离阴类，故曰『其血』。战者，阴阳疑也，疑故杂。『玄黄者，天地之杂也』，乾、坤气合戌亥，故曰『玄黄』。阴阳之气，离则相异，合之则相济而有功。如君臣夫妇，与天地之义无殊。复引文王事纣，武王伐殷之事以明之者，文王抑三分有二之势，以事独夫，凡所以弥缝其阙，匡救其失者，靡所不至。使纣柔顺得中，则以祈殷命，以济生民，未必不有『黄裳元吉』之占矣。乃长恶不悛，阴穷于上，而疑阳必战，卒至天命不佑。武遂兴师，牧野一战，血流漂杵，非即『龙战于野，其血玄黄』

之象乎？故云『是其义也』。

用六。利永贞。

干宝曰：阴体其顺，臣守其柔，所以秉义之和，履贞之干，唯有推变，终归于正。是周公始于『负扆南面』，以光王道，卒于『复子明辟』，以终臣节，故曰『利永贞』也。

疏『阴体其顺』者，六也。『臣守其柔』者，用六也。『秉义之和』者，利也。『履贞之干』者，贞也。『唯』当作『虽』，『推』当作『权』。『虽有权变，终归于正』者，变通尽利，则终归于正，『利永贞』也。『负扆南面』，本《明堂位》文。『复子明辟』，本《洛诰》文。以阴升逼阳，象负扆权变。以阴阳合则同功，象复子明辟。『终归于正』，言公守柔顺之道，始光王道，卒终臣节。始终不失其正，故曰『利永贞』也。

案：六十四卦皆出于乾、坤，始于乾，成于坤，乾、坤相须为用者也。乾用九者，用其变阴以济阳，坤用六者，用其变阳以济阴。用九者，用其始于乾之元，然元自贞来，故用九之吉在『无首』。用六者，用其成于坤之贞，然贞下起元，故用六之利在『永贞』。余详乾卦『用九』。

屯卦第三 ䷂

【原典】

震下坎上 屯①，元亨利贞。勿用有攸往，利建侯。②

初九 盘桓，利居贞，③利建侯。

六二 屯如邅如，乘马班如，匪寇婚媾；女子贞不字，十年乃字。④

六三 即鹿无虞，惟入于林中；君子几，不如舍，往吝。⑤

六四 乘马班如，求婚媾，往吉，无不利。

九五 屯其膏，小贞吉，大贞凶。⑥

上六 乘马班如，泣血涟如。

【导读】

『屯』，下震上坎，象征雷雨并作。事物初始时困难重重，但在艰险困苦中，有着美好的前途，所以说『屯，元、亨、利、贞』。全卦正是扣住这一旨意，启迪人们要注意化险为夷。当险难出现的时候，要有依靠力量，如『盘桓』之类。居家的就可以安居，有国的就可以封侯。新生事物艰难成长，对某些似是而非的事物，要取分析态度，作出恰当的判断，千万不能把为『婚媾』而来的人群当做盗寇。在关键时刻要善于做出正确的选择，做到『君子几，不如舍』，谨记勿因小而失大。

【精注】

①屯卦：震下坎上，幼苗破土的初生状态。屯，事物初生的艰难。②勿用：不宜。用，宜。建侯：授爵封侯。③盘桓：比喻前进踌躇难行。居：住所。④屯如，邅如：乘马欲进，又班师而回。表示行进艰难。匪：通『非』。不字：不嫁人。字，古时礼仪，女子订婚后即用簪子插住发髻；这里引申为许嫁。⑤即鹿无虞：追鹿而无虞人作向导。虞人，古时管理山林的官员。几：求。舍：放弃。吝：恨、耻。⑥屯：积聚。膏：油脂。小、大：指少量和大量。

【今译】

屯　是对草木始生的状态所作的描述。屯卦卦象是下单卦为震，上单卦为坎，为水。象征初生。筮得此卦大吉大利，和谐坚实。不宜冒昧行动，只要锲而不舍，有利于授爵封侯。屯象是不静止的状态，但能相对保存自己。

初九　徘徊踌躇，难于前行。但只要刚正不阿，深得民心，也有利于授爵封侯。应持以退为进的策略，要像磐石一样稳定、沉着，以谋将来之发展。

六二　开始时想赶路，但继之原地打转，徘徊不前。因为他们杂路不前，还以为他们是贼寇呢。这时他就想找个带路人，能找到吗？如同女子也只有到了可以谈婚论嫁的年龄，才可以嫁给他。

六三　如果不和向导一起打猎，就会在山林中迷路。如果出兵征战，没有同盟联合相助，则会孤掌难鸣。在这种情况下，与其继续追逐，不如舍弃而去他求。

六四　乘马的人可以找到向导了，人家愿意帮助他，就像答应求婚的事一样，终获吉祥。

九五　雨是由云层中降下的水，适量雨水能滋润禾苗，多了，就成灾害了。

上六　物极必反。乘马的人过于大张旗鼓，兴师动众，这就会好景不长，而引来忌妒及血的教训。

【集解】

屯，元亨利贞。

虞翻曰：坎二之初，刚柔交震，故「元亨」。之初得正，故「利贞」矣。

疏 以四阴二阳之例，则当自临、观来。兹自坎来者，乾由离入坎，合坤生震，所谓「其血玄黄」，故坎二之初成屯，而与鼎旁通也。二之初，刚柔始交而为震，是「始而亨者也」，故「元亨」。阳之初得正，阴之二亦得正，故「利贞」。

勿用有攸往，利建侯。

虞翻曰：之外称「往」。初震得正，起之欲应，动而失位，故「勿用有攸往」。震为侯，初刚难拔，故利以建侯。《老子》曰「善建者不拔」也。

疏 《说文》：「往，之也。」之外称「往」，《易》例也，如泰坤在外为「卜往」，否乾在外为「大往」是也。震初阳得正，初与四应，《杂卦》曰「震，起也」，起往之外，欲上应四，四不得正，是以「动而失位」。且初在震为行，四在坎为险，行则遇险，故「勿用有攸往」。《晋语》：「司空季子曰『小事不济，壅也，故曰勿用有攸往，一夫之行也』」，是其义也。《序卦》曰「主器者，莫若长子，故受之以震」，故「震为侯」，《逸礼·王度记》曰「诸侯封不过百里，象雷震百里」是也。初刚在下，即乾初潜龙，「确乎其不可拔」，故云「初刚难拔」。「善建者不拔」，《老子·德经》文，引之以明震初不拔，故「利建侯」也。

初九。盘桓，利居贞，利建侯。

虞翻曰：震起艮止，动乎险中，故「盘桓」。得正得民，故「利居贞」。谓君子居其室，慎密而不出也。

疏 内震为起，互艮为止，外坎为险。震阳动乎险中，初刚难拔，触艮而止，故有盘桓难进之象。《尔雅·释水》：「钩盘」，孙炎彼注云「水曲如钩流，盘桓不直前也」。《书·禹贡》：「织皮、西倾，因桓是来」，郑彼注云「桓是陇阪名。其道盘旋，曲而上，故曰桓。」此经「盘桓」，其义同也。二往居初，故「得正」。互坤为民，故「得民」。艮为宫，坤为「阖户」，初在艮坤下，「不出户庭」，故「利居贞」。《左传·闵公元年》曰：「初，毕万筮仕于晋，遇屯之比。辛廖占之，曰：『吉。屯固比入，吉孰大焉，其必蕃昌。震为土，车从马，足居之。兄长之，母覆之，众归之。六体不易，合而能固，安而能杀，公侯之卦也』。」故「利建侯」。「君子慎密而不出」，《系辞上》文，释节初「不出户庭」也。虞彼注云「二动，坤为密。体屯盘桓利居贞，故不出」。二失位变正，节初即屯初，故彼此互相发也。

六二。屯如邅如。

荀爽曰：阳动而止，故「屯如」也。阴乘于阳，故「邅如」也。

疏 阳动于下，二应艮以止之，故有屯如难进之象。二阴乘于初阳，以柔乘刚，故有邅如不行之象。

乘马班如。

虞翻曰：屯、邅，盘桓，谓初也。震为马作足，二乘初，故「乘马」。班，踬也，马不进，故「班如」矣。

疏 初刚难拔，故「屯、邅，盘桓，皆谓初也」。「震为马作足」，《说卦》文。二乘初，故有乘马之象。外遇坎险则踬，故「班」训「踬」也。《子夏传》曰「班如，相牵不进貌」，故以马不进为「班如」矣。

案：郑《箴膏肓》曰「天子以至大夫，皆有留车反马之礼」。又《士昏礼》曰：「主人爵弁，纁裳缁衣，乘车从车二乘。妇车亦如之。」此妇车出于夫家，则士妻始嫁，乘夫家之车也。今以「乘马」为「乘初」者，亦是乘初之车，但二与初非婚姻之正，故云「屯如邅如，乘马班如」也。

匪寇婚媾。女子贞不字，十年乃字。

虞翻曰：匪，非也。寇谓五。坎为寇盗，应在坎，故「匪寇」。阴阳德正，故「婚媾」。字，妊娠也。三失位，变复体离，离为「女子」为大腹，故称「字」，今失位为坤，离象不见，故「女子贞不字」。坤数十，三动反正，离女大腹，故十年反常乃字，谓成既济定也。

疏 「匪」、「非」古今字。二与五应，故「寇谓五」。《说卦》：「坎为盗。」故云「坎为寇盗」。「应在坎，故匪寇」者，下不得初，则将上求五，故止之。言所求者，非此寇也。「阴阳德正故婚媾」者，谓三变正，二承之，是阴阳德正而为婚媾也。《说文》：「字，乳也。」故云「字，妊娠也」。「三失位，变复体离」者，复，反也，三本失位，变正体反为离也。《说卦》曰「离再索而得女，谓之中女」，故「离为女子」，又离为大腹，故「称字」，为「妊娠也」。今三失位为坤，是「离象不见」，故为「女子贞不字」也。「坤数十」者，《系辞上》「地十」，癸数也，故曰「十年」。三动反正，则为「离女大腹」，故「十年反常乃字」。谓三正「成既济定」者，三反正，则阴阳气通，成既济，六位定也。

愚案：虞氏《易》例，不以阴阳爻为男女，四『求婚媾』，亦以三变体离言也。但以『字』为『妊娠』，是已嫁，非『贞不字』也。《曲礼》曰『女子许嫁笄而字』，『字』为『许嫁』之义，二不许初，故『不字。』

六三。即鹿无虞。惟入于林中。

虞翻曰：即，就也。虞谓虞人，掌禽兽者。艮为山，山足称『鹿』，鹿，林也。三变体坎，坎为丛木、山下，故称『林中』。坤为兕儿虎，震为麋鹿，又为惊走，艮为狐狼。三变，禽走入于林中，故曰『即鹿无虞，惟入林中』矣。

疏 『即，就也』，《说文》文。『虞谓虞人，掌禽兽者』，《周礼·地官》：『山虞掌山林之政令。若大田猎，则莱山田之野，及弊田，植虞旗于中，致禽而珥焉』是也。鹿，王肃本作『麓』，《诗·大雅》：『瞻彼旱麓。』《周语》引作『旱鹿』，是『鹿』、『麓』古字通也。《诗》毛传云『麓，山足也』。三互艮，《说卦》：『艮为山。』三在艮下，故『山足称鹿』也。『鹿，林也』者，《春秋·僖公十四年》：『沙鹿崩』，《谷梁传》：『林属于山为鹿』，『鹿』与『麓』通也。三变，下体成坎，《九家·说卦》：『坎为丛棘。』故『坎为丛木』也。木在山下，故『称林中』。《说卦》：『坤为子母牛』，《释兽》：『兕似牛』，《说文》：『兕状如野牛』，坤为虎，说见乾卦『风从虎』，故『坤为虎兕』。《说文》：『麇，鹿属』，《字统》：『鹿性惊』，《震》卦辞曰『震惊百里』，故『震为麇鹿』。京房《易传》曰『震遂泥，厥咎国多麇』，亦以震惊故致麇也。震惊且为足，故『又为惊走』。《九家·说卦》曰『艮为狐』，《埤雅》『狼狐搏物』，搏为手击，艮为手，故『为狐狼』。皆三未变时象也。坎为丛棘，故为『林中』。三变为坎，则坤兕虎，震麋鹿，艮狐狼，皆入坎林，故曰『即鹿无虞，惟入于林中』。

君子几，不如舍，往吝。

虞翻曰：『君子』谓阳已正位。几，近。舍，置。吝，疵也。三应于上，之应历险。不可以往，动如失位，故不如舍之，往必吝穷矣。

疏 三变正，伏阳出，故称『君子』也。『几，近』，《释诂》文。杜注《左传》『使杜泄舍路』云『舍，置也』，即虞义也。《系辞上》曰『悔吝者，言乎其小疵也』，故云『吝，疵也』。三应在上，之，往也，往应于上，则历乎坎险矣，故不可往也。三动已正，成既济，往则动而失位，故不如舍之，不必往取吝穷也。

六四。乘马班如。

虞翻曰：乘三也。谓三已变，坎为『马』，故曰『乘马』。马在险中，故『班如』也。或说乘初。初为『建侯』，安得乘之也。

疏 三已变成坎，《说卦》：『坎，其于马也为美脊。』故『为马』。四在坎上，故曰『乘马』。上坎下震，是为『险中』，故『班如』也。『或说乘初』者，初为『建侯』，初不拔，则不应四，故『安得乘之』。然四与初应，初震于马为善鸣，则乘初义亦通。初刚难拔，故『班如』。

求婚媾，往吉，无不利。

崔憬曰：屯难之时，勿用攸往。初虽作应，班如不进。既比于五，五来求婚，男求女，『往吉，无不利』。

疏 当屯难之代，勿有所往。初震作足，虽作而兴起，上与四应，然初刚难拔，且四在坎险，故有班如不进之象。但四与五比，五阳来求婚于四阴，是『男求女』也，故『往吉无不利』。

九五。屯其膏。

虞翻曰：坎雨称『膏』，《诗》云『阴雨膏之』，是其义也。

疏 坎为雨，故『称膏』。『阴雨膏之』，《诗·曹风》文。膏，去声，与润同义，《说卦》：『雨以润之。』故『称膏』。愚案：坎雨，膏象也。互艮为止，故『屯其膏』。

小贞吉，大贞凶。

崔憬曰：得屯难之宜，有膏泽之惠。谓与四为婚媾，施虽未光，小贞之道也，故『吉』。至于远求嘉偶，以行大正，赴二之应，冒难攸往，固宜且凶，故曰『大贞凶』也。贞，正也。

疏 谓『得屯难之宜』者，惟『有膏泽之惠』也。五与四为婚媾，是有膏泽于近矣，所施虽未光，亦小贞之道，故曰吉。二与五应，以屯膏之象，远求嘉偶，以行大正之礼。膏泽既不广被，而远赴二应，是冒屯难攸往，虽宜且凶矣，故曰『大贞凶』。『贞，正也』，《师·彖传》文。

愚案：辛廖之占，以屯为固。固者，贞也。即『贞固足以干事』也。屯六爻二五得中得正，故二五言『贞』，亦惟二五言『屯』。二，阴也，阴称『小』。二乘初刚，守贞不字，女子之贞也，故『小贞吉』。五，阳也，阳称

『大』。五为君位，陷于阴中，又互艮止，位虽得正，居上屯膏亦凶也，故『大贞凶』。孟康释此爻云『大贞，君也。遭屯难饥荒，当开仓廪，振百姓，而反吝则凶』，得其解矣。

上六。乘马班如。

虞翻曰：乘五也。坎为『马』，震为行，艮为止，马行而止，故『班如』也。

疏 『乘五』者，乘刚也。《说卦》『坎美脊』，故『为马』。震作足，故『为行』。五互艮，故『为止』。马行而止，故有班如之象。

泣血涟如。

《九家易》曰：上六乘阳，故『班如』也。下二四爻，虽亦乘阳，皆更得承五，忧解难除。今上无所复承，忧难不解，故『泣血涟如』也。体坎为血，伏离为目，互艮为手，掩目流血，泣之象也。

疏 上乘五阳，是亦乘刚，故有班如之象。二比初，故乘初，四应初，亦乘初，二与五应，四上承五，皆得阳为援，故『忧解难除』，虽班如而无泣血涟如之象也。今上乘五阳，下无正应，又上无所承，独阴无与，又坎为加忧是『忧难不解』，所以『泣血涟如』也。上体坎，坎为血卦。伏离为目，五互艮为手。以手掩目而流血，是泣血之象也。桓宽《盐铁论》曰『小人先合而后忤，初虽乘马，后必泣血』，是其义也。《诗·卫风》『泣涕涟涟』，即『涟如』之义。《说文》引作『𤀹如』，训泣下，盖古今字。

蒙卦第四 ䷃

【原典】

坎下艮上 蒙①，亨，匪我求童蒙，童蒙求我。②初筮告，再三渎，渎则不告。利贞。③

初六 发蒙，利用刑人，用说桎梏，以往吝。④

九二 包蒙吉。纳妇吉。子克家。⑤

六三 勿用取女，见金夫，不有躬，无攸利。⑥

六四 困蒙，吝。⑦

六五 童蒙，吉。

上九　击蒙，不利为寇，利御寇。⑧

【导读】

蒙卦表明古人对教育、启蒙的重视。启蒙教育可以培养人的美好品德，使其走上正道，这是神圣的功劳。蒙昧之人并非不可教育，只要教育方法得当，蒙就可以转化为不蒙。刑人卸掉枷锁，亦可为我所用。

【精注】

①蒙：卦名。坎下艮上，蒙昧蛮荒之象。②童蒙：无知之人。指需要教育的人。③再三：这里承前省略了一个「筮」字，所以「再三」即「再三筮」，意为接二连三地占筮。渎：亵渎。④发蒙：开启蒙昧人之智慧。刑人：体罚或刑罚人，带有强制性。说：通「脱」。桎梏：古代刑具。铐在足上称桎，铐在手上称梏。以：而。⑤包蒙：强调教育的广泛。纳妇：迎娶媳妇。子克家：家不指一个小家，这里有修身治国的意思。⑥取：通「娶」。金夫：指貌美郎君。不有躬：不能守礼仪，自失其身。⑦困蒙：陷于困难的境地。⑧击蒙：用严厉的办法管教，但不能过头。

【今译】

蒙卦　蒙：愚昧。蒙卦卦象是下单卦为坎，为水；上单卦为艮，艮为山。蒙昧无知的人，是否能改进，不取决于我们，而取决于蒙昧无知的人的诚意。第一次前来占筮，告诉他吉凶；接二连三地占筮，便是对占筮的亵渎了，这样，便不再告诉其吉凶，因为求学与施教都要持严肃的态度。

初六　要进行启蒙教育，就要法规严明，甚至强制对被教育人的惩戒。如果放任自流，就是管理不善，将困难重重。

九二　受教育者很多，教育者要以「有教无类」的原则对学生一视同仁，这是天经地义的，就像娶妻纳妾一样。

六三　不宜娶这样的女子为妻，因为她心中只有美貌郎君，不能守礼仪，这个女人不接受教育，所以不可教也。

六四　陷于困难的境地，深深被愚昧所困扰，远离了接受教育的条件，所以处境十分艰难。

六五　无邪念的蒙昧无知的人可以启发教育，一定会获吉祥。

上九　要惊醒愚昧无知的人促其转化，但不宜采用过激的行动使矛盾激化，如果你的方法对头，被教育者的坏习气便可以改掉。这样才是吉利的。

【集解】

蒙。亨。

虞翻曰：艮三之二。「亨」谓二，震刚柔接，故「亨」。蒙亨，以通行时中也。

干宝曰：蒙者，离宫阴也。世在四，八月之时，降阳布德，荠麦并生，而息来在寅，故蒙于世为八月，于消息为正月卦也。正月之时，阳气上达，故屯为「物之始生」，蒙为「物之稚也」。施之于人，则「童蒙」也。苟得其运，虽蒙必亨，故曰「蒙亨」。此盖以寄成王之遭周公也。

疏 虞注：四阴二阳之卦，从临、观来，云「艮三之二」者，据消息也。坤入中宫，以刚接柔而为蒙。革、巽生姤成，故蒙、革旁通，犹屯、鼎也。内艮三阳之二得中，上应五阴，所以「亨行时中」，而「谓二」也。二取互震接伏巽，震刚巽柔，乾坤交，故亨也。蒙之所以亨，以艮三当行，则通行于二，以合时中也。

干注：蒙为离宫四世卦，四阳变阴，故云「蒙者，离宫阴也」。世月之例，四世卦阴主八月，阴在酉也。《礼·月令》：「仲秋之月，乃劝种麦。」蔡邕《章句》：「阳气始胎于酉。」故八月荠麦应时而生。《广雅》：「太初之气，生于酉仲。」宋均云「必知生八月仲者，据此时荠麦生，以为验也」。又《汉书》董仲舒《雨雹对》曰「荠麦始生，繇阳升也」，故云「降阳布德，荠麦并生」也。消息蒙为正月，大夫值日卦，故云「息来在寅」。合八宫消息言之，故云蒙于世为八月，于消息为正月卦也。「正月之时，阳气上达」者，三阳息而成泰，《史记·历律书》所谓「引达于寅」是也。屯在十二月丑，故为「物之始生」，蒙在正月寅，故为「物之稚」。施之于人，则幼稚为「童蒙」也。「童蒙」谓五，则得其运矣，故「虽蒙必亨也」。「此盖以寄成王之遭周公也」者，成王以幼冲之年，居六五之位，周公以阳刚之德，居九二之中，以圣臣而辅贤主，卒致天下安宁，刑措不用，故曰「蒙亨」。蒙二之能启蒙，亦犹屯初之能扶屯也。

匪我求童蒙，童蒙求我。

虞翻曰：「童蒙」谓五，艮为「童蒙」，「我」谓二也。震为动起，嫌求之五，故曰「匪我求童蒙」。五阴求阳，故「童蒙求我，志应也」。艮为求。二体师象，坎为经，谓礼有来学，无往教。

疏 五言「童蒙」，故「童蒙谓五」。艮为少男，故「为童蒙」。「我谓二」者，二应五也。二互震，为动为起。震长男，坎中男，嫌二求五之少男，故曰「匪我求童蒙」。五阴下求于二阳，坎为「志」，二应五，故《象》曰「童蒙求我，志应也』。艮兑同气相求，故『为求』。初至五有师象。《乾凿度》曰『坎离为经，震兑为纬』，六经取义于经纬，故《周书·谥法》曰『经纬天地曰文』，故『坎为经』。以经训蒙为经师，是『童蒙求我』也。《曲礼》曰『礼闻来学，不闻往教』，故曰『匪我求童蒙，童蒙求我』。

初筮告。再三渎，渎则不告。

崔憬曰：初筮谓六五，求决于九二，二则告之。『再三渎』谓三应于上，四隔于三，与二为渎，故二不告也。渎，古黩字也。

疏 『初筮谓六五』者，五童蒙求我，且得中也。『求决于九二』者，二正应五也。二应五，故告之。三应上，四隔三且应初，皆与二为渎，故曰『再三渎』。二皆不应，故『不告』也。《说卦》：『坎为沟渎。』故称『渎』。『渎，古黩也』者，『渎』、『黩』古字通也。贾逵《国语注》云『黩蝶也』，是『渎』亦训『蝶』也。

利贞。

虞翻曰：二五失位，利变之正，故『利贞』。『蒙以养正，圣功也。』

疏 二阳五阴皆失正位，利变而之正，故曰『利贞』，戒五不可过柔，二不可过刚也。如变之正则为观，『中正以观天下』是也。孔疏云『贞，正也』。言蒙之为义，利以养正，故《彖》云『蒙以养正，圣功也』。

初六。发蒙，利用刑人，用说桎梏，以往吝。

虞翻曰：发蒙之正。初为蒙始，而失其位，发蒙之正以成兑。兑为『刑人』，坤为『用』，故曰『利用刑人』矣。坎为穿木，震足艮手，互与坎连，故称『桎梏』。初发成兑，兑为『说』。坎象毁坏，故曰『用说桎梏』。之应历险，故『以往吝』。吝，小疵也。

疏 虞《系辞》注云『发，动也』。初居蒙始，阴为失位，动阳得正成兑。『兑，正秋也』，《周礼·天官·小宰》：『五曰秋官，其属六十，掌邦刑。』故兑为『刑』。又兑折震足，为见刑断足者，故为『刑人』。『致役乎坤』，故『坤为用』。『利用刑人』，义取此也。坎穴震木，故『坎为穿木』，即《九家·说卦》『坎为桎梏』之义也。震为足，艮为手。《说文》：『桎，足械也』，『梏，手械也』，上四爻皆待发蒙，下系于二，故『互与坎连，称桎梏』也。初动在兑，《说卦》：『兑，说也』，故为『说』。此读若『脱』，盖『说』、『脱』皆从兑，故『说』与『脱』通。

变兑则坎象毁坏，故曰『用说桎梏』。盖二用初，脱上四爻之桎梏也。四当求初，初不当往四，若历坎险以往，必吝。《系辞上》曰『悔吝者，言乎其小疵也』，故云『吝，小疵也』。

九二。包蒙吉，纳妇吉，子克家。

虞翻曰：坤为『包』，应五据初，初与三四同体，包养四阴，故『包蒙吉』。震刚为夫，伏巽为妇，二以刚接柔，故『纳妇吉』。二称『家』，震，长子，主器者，纳妇成初，故有『子克家』也。

疏 『包』从勹从巳，《说文》：『包，象人怀妊，巳在其中，象子未成形也。』二变成坤，《说卦》曰『坤为母为腹』。巳为母腹包藏，故『坤为包』。二上应五，下据初，初与三四同为阴体。二本刚中，过刚则无包涵之量，变阴济阳，故能『包养四阴』，是宽柔以教，而获『包蒙之吉』也。震刚长男为夫，伏巽长女为妇，盖蒙旁通革，革坤成乾，二巽姤下，由蒙二接之，故九二有伏巽为震妇也。二以震刚接巽柔，故『纳妇吉』也。『二称家』者，《乾凿度》曰『二为大夫』，郑注《礼记》云『大夫称家』，又在内，《杂卦》曰『家人，内也』，故知『二称家』。震为长子，主器者也。『纳妇成初』者，谓初已发，成阳之正，二伏巽出，成阴得正，使初成震为子，故曰『子克家』。『《象》曰刚柔接也』者，明二纳巽初，乃成震也。

六三。勿用娶女。见金夫，不有躬，无攸利。

虞翻曰：谓三，诫上也。『金夫』谓二。初发成兑，故三称『女』，兑为『见』，阳称『金』，震为『夫』，三逆乘二阳，所行不顺，为二所淫，上来之三陟阴，故曰『勿用娶女，见金夫』矣。坤身称『躬』，三为二所乘，兑泽动下，不得之应，故『不有躬』。失位多凶，故『无攸利』也。

疏 『谓三』者，『女』谓三也。『诫上也』者，三与上应，三不正，故诫之也。『金夫谓二』者，二震为夫也。初不正，发动已成兑，兑为少女，故『三称女』也。《杂卦》曰『兑见而巽伏』，故『兑为见』也。兑之阳爻本自乾来，《说卦》曰『乾为金』，故云『阳为金』。又兑西方正秋，亦『为金』。震男为『夫』，而又兼乾阳，故称『金夫』。三兑逆说，乘于二阳，是『所行不顺』。坎水为淫，兑逆说之，故『为二所淫』。上九谓二为寇者，以此也。《释诂》：『陟，升也。』三上皆不正，上来之三，将欲升阴，乃阴不应上而比二，故曰『勿用娶女，见金夫』矣。坤在地成形，故为『身』，称『躬』。『三为二所乘』，震乘兑也。兑为泽，泽性就下，震又动之，故云『兑泽动下』。就下则不得之应于上也，之上在坤，不之则失坤体，故曰『不有躬』。《系辞下》曰『三多凶』，六居三为『失位多凶』，故『无攸利』也。

六四。困蒙，吝。

王弼曰：阳称实也。独远于阳，处两阴之中，暗莫之发，故曰『困蒙』也。困于蒙昧，不能比贤以发其志，亦鄙矣，故曰『吝』。

疏 阳实阴虚，故『阳称实也』。阳实谓二，有刚中之德。四独远之，处于三五两阴之间，又初无正应，故『暗莫之发』，所以为『困蒙』也。困于蒙昧之中，不能比于二贤，以发动其志，鄙吝之甚也。《论语》曰『困而不学，民斯为下矣』，是其义也。又艮伏兑，兑上坎下，其体为困，故曰『困蒙』。柔之为道，不利远者，四独远阳，故困也。

六五。童蒙吉。

虞翻曰：艮为『童蒙』，处贵承上，有应于二，动而成巽，故吉也。

疏 艮，少男，故『为童蒙』。居五为『处贵』，比阳为『承上』。二五皆失位，二动包五，五下应之。动而成巽，得中得正，《巽·彖传》曰『刚巽乎中正而志行』，故吉。

上九。击蒙，不利为寇，利御寇。

虞翻曰：体艮为手，故『击』。谓五已变，上动成坎，称『寇』，而逆乘阳，故『不利为寇』矣。御，止也。此『寇』谓二，坎为『寇』。巽为高，艮为山，登山备下，顺有师象，故『利御寇』也。

疏 『艮为手』，《说卦》文。『为手故击』，三行不顺，与二坎同体，故击之。五已变阳，上动为阴，则成坎矣。坎为盗，故称『寇』。五变上动乘之，是『逆乘阳』也，故『不利为寇』矣。《释诂》曰『御，禁也』，『禁』有『止』义，故云『御，止也』。『此寇谓二』者，二坎为寇盗也。三应上，为二所淫，故二为『寇』。『巽为高』、『艮为山』，皆《说卦》文。『登山』谓上，『备下』谓二。互坤为『顺』，初至五体师，故云『顺有师象』。师顺在下，故『利御寇』。

需卦第五 ䷄

【原典】

乾下坎上 需①，有孚，光亨，贞吉。利涉大川。②

初九　需于郊，利用恒，无咎。③
九二　需于沙，小有言，终吉。④
九三　需于泥，致寇至。⑤
六四　需于血，出自穴。⑥
九五　需于酒食，贞吉。⑦
上六　入于穴，有不速之客三人来，敬之，终吉。⑧

【导读】

《周易》对“需”是持一种赞美的态度，认为“需”包含着诚信，抱有信念，耐心等待，就会光明亨通。“需”反映的是某一件事或一项事业，在起步阶段必须耐心等待时机。等待必须遵循规律，才可能遇险化险而达光明亨通的境地。

【精注】

①需卦：乾下坎上，象征等待。“需”的本义是天上下雨。②孚：诚信。光亨：大为通顺。③需：等待，停留。郊：城邑之外。恒：此指恒心。④沙：沙滩。小：少。言：议论。⑤泥：泥泞的地方。致：招来。⑥血：血泊，此指危险。出：离开。穴：陷阱。这里比喻险恶。⑦酒食：指酒宴。⑧不速之客：没有邀请而来的客人。

【今译】

需卦　需：象征等待。需卦卦象是下单卦为乾，为发展中的政权。上单卦为坎是坎水、坎险。象征等待，即使前面有险阻，但能有正当的等待方法，心怀诚信，自然光明亨通。有利于涉越大江大河。

初九　在城邑之外等待，有恒心，长久耐心等候时机，不会有什么灾祸。

九二　在沙滩上等待。有回旋的余地，但也引起争议，此时如能耐心等待，最后还是吉祥的。

九三　在泥泞之中等待，此时已有险境，并已短兵相接，千万不要冒险而行。

六四　在血泊中等待，陷入深穴，要尽全力才能脱离险境。

九五　此卦在酒食宴中等待，占之必获吉祥。

上六　陷入险境，不速之客『三人』（三阳）来访，但只要对他们恭敬，以礼相待，最终必获吉祥。

【集解】

需。有孚，光亨，贞吉。

虞翻曰：大壮四之五。『孚』谓五。离日为『光』。四之五得位正中，故『光亨』。『贞吉』谓『壮于大举之辐』也。

疏　二阴四阳之卦自《大壮》来，故云『大壮四之五』也。阳在二五称『孚』，坎为孚，故云『孚谓五』也。五之四，互离日为『光』。大壮四失位，之五得位，正而且中。坎通为『亨』，四互离光，故『光亨』。五得正，故『贞吉』也。谓『壮于大举之辐也』者，『辐』当为『腹』，大壮九四『贞吉悔亡，壮于大举之腹』，虞彼注云『失位，悔也。之正得中，故贞吉而悔亡矣。坤为大举为腹。四之五折坤，故壮于大举之腹』，即此需五『贞吉』之义也。

利涉大川。

何妥曰：『大川』者，大难也。须之待时，本欲涉难，既能以信而待，故可以『利涉大川』矣。

疏　《说卦》曰『坎为沟渎』，《考工记》曰『匠人为沟洫，专达于川』，《左传·宣公十二年》曰『川壅为泽』，杜彼注云『坎为川』，是坎为『大川』也。谓『大川』为『大难』者，以坎险在前也。乾知险而不遽进，故云『须之待时』，所以然者，未尝须臾忘涉难也，故云『本欲涉难』。需而有孚，故云『能以信而待』。惟正故吉，故可『利涉大川』也。所谓仗忠信以涉波涛者，此也。

初九。需于郊。利用恒，无咎。

干宝曰：郊，乾坎之际也。既已受命进道，北郊未可以进，故曰『需于郊』。处不避污，出不辞难，臣之常节也。得位有应，故曰『利用恒』。虽小稽留，终于必达，故曰『无咎』。

疏　乾西北，坎正北，乾与坎接，故『乾坎之际』为『郊』。乾阳主进，大壮震大涂为『道』，初变巽为『命』，故云『受命进道』。既已受命进道，即可由西北以进于北，然坎险在前，未可遽进。《杂卦》曰『需，不进也』，故必『需于郊』以待之。处所当处，非避污也。出所当出，非辞难也。待时而进，人臣之常节。常者，恒也。初阳得位，四为正应，久以待之，无不利也，故曰『利用恒』。虽迟回不进，小有稽留，然终于必达，故无咎也。

愚案：初与四应，初需四，『郊』谓四也。三与四接，亦乾坤之际为『郊』也。《释地》『邑外谓之郊』，乾为内，乾之外即『郊』，故知『郊』谓四也。需于四者，以坎在前也。需为坤之游魂，坤致役为『用』，自大壮来，初变为『恒』，故曰『利用恒』。四应初，得位承五，需之得其地也，故曰『无咎』。

九二。需于沙。小有言，终吉。

虞翻曰：『沙』谓五，水中之阳称『沙』也。二变之阴称『小』，大壮震为言，兑为口，四之五，震象半见，故『小有言』。二变应之，故『终吉』。

疏 二需五，故『沙』谓五也。五为『水中之阳』，阳刚故称『沙』也。二变为阴，泰曰『小往大来』，否曰『大往小来』，故知『阴称小』也。大壮震善鸣为『言』，四体兑，故『兑为口』。四虽之五，震象半见，又互兑口，兑，少女，亦为『小』，故『小有言』。五阳在外，二变阴以应之，得中得正，故『终吉』也。

九三。需于泥，致寇至。

荀爽曰：亲与坎接，故称『泥』。须止不进，不取于四，不致寇害。

疏 乾上接坎下，故云『亲与坎接』。坎为水，泥在水旁，故称『泥』。乾知险阻，故『须止不进』。三应在上，故『不取于四』。坎为盗，故为『寇』。三近四，虽有『寇至』，然需而不进，故不为害也。

六四。需于血，出自穴。

案：六四体坎。坎为云，又为血卦。『血』以喻阴，阴体卑弱，宜顺从阳，故曰『需于血』。

《九家易》曰：云从地出，上升于天，自地出者，莫不由穴，故曰『需于血，出自穴』也。

疏 案：四，坎体下也。上坎为云，坎为血卦，故有血象。六阴爻，四阴位，故『血以喻阴』。阴以卑弱之体，故宜顺从于五阳。『需于血』者，柔顺而能待者也。

《九家》注：坎为『坎窞』，其象为『穴』。乾二之坤五为坎，故云『云从地出，上升于天』，《公羊传·僖公三十一年》曰『触石而出，肤寸而合』，故云『自地出者，莫不由穴』也。

愚案：四欲进居于五，贵柔顺以待，不可急也。『需于血』者，待以柔顺也。坎下口开者为『穴』，四未之五为震，震为『出』，故曰『出自穴』。既出自穴，已有进五之势，然进不遽进，故曰『需于血，出自穴』。

九五。需于酒食，贞吉。

荀爽曰：五互离坎，水在火上，酒食之象。『需者，饮食之道』，故坎在需家为『酒食』也。云须时欲降，乾须时当升，五有刚德，处中居正，故能帅群阴，举坎以降，阳能正居其所则吉，故曰『需于酒食』也。

疏 五互离火坎水，坎水在离火之上，且鼎象半见，故有酒食之象。『需者，饮食之道』，《序卦》文。惟需有饮食之道，而坎又为水，故知『坎在需家为酒食也』。上坎为云，待时将降于下，下乾为天，待时当升于上。五有阳刚之德，处中居正，为坎之主，故能帅上四二阴，主坎以降于二，二阳即随乾以升居于五，正而得所，故『需于酒食，贞吉』。此以内外卦为升降，与应爻为升降者，又一例也。

案：五与二应，五需于二，二变正以应五，则体象噬嗑，故有酒食之象。需，须也。酒食，享食之礼。礼速客之辞曰『主人须矣』。五为卦主，需二变为『食』，上需于下，下应于上，二升居五得正，故吉也。

上六。入于穴。

荀爽曰：需道已终，云当下入穴也。云上升极，则降而为雨，故《诗》云『朝跻于西，崇朝其雨』，则还入地，故曰『入于穴』。云雨入地，则下三阳动而自至者也。

疏 爻终于上，故云『需道已终』。升极必降，故云『云当入穴』。『朝跻于西，崇朝其雨』，《诗·鄘风》文。『跻』言升，『雨』言降也。升极则降而为雨，如《诗》言是也。既雨则还入地，如『入于穴』是也。云雨下入于地，则下三阳动而自至，故言『不速之客三人来』也。

有不速之客三人来，敬之终吉。

荀爽曰：『三人』谓下三阳也。须时当升，非有召者，故曰『不速之客』焉。乾升在上，君位以定；坎降在下，当循臣职，故『敬之终吉』也。

疏 马融云：『速，召也。』乾称『人』，故『三人谓下三阳也』。上与三应，初二同体，乾性本升，不待召而自来，故曰『不速之客』。乾三俱升，二居天位，故云『君位以定』。坎降居下，二变为坤。坤，『臣道也』，故云『当循臣职』。乾为『敬』，故『敬之终吉』也。

愚案：五爻皆需，终则无所需矣，故不言需。坎口在上亦为『穴』，上变巽为『入』，故曰『入于穴』。上与三应，阴降则阳升，初二同禀乾阳为『人』，内卦同升于外，故『有不速之客三人来』。变巽为恭，故『敬之终吉』也。

讼卦第六 ䷅

【原典】

坎下乾上 讼①，有孚，窒惕，中吉，终凶。利见大人，不利涉大川。②

初六 不永所事，小有言，终吉。③

九二 不克讼，归而逋；其邑人三百户，无眚。④

六三 食旧德，贞厉，终吉。或从王事，无成。⑤

九四 不克讼，复即命，渝。安贞吉。⑥

九五 讼元吉。

上九 或锡之鞶带，终朝三拕之。⑦

【导读】

讼卦的思想，在今天仍给人以启示。强调『有孚』。『孚』首先是指『诚信』『信实』，也就是事实确凿，实事求是，这是打官司的重要依据。但即便如此，打官司也仍要强调一个『惕』字，即有戒惧之心，谨慎从事。讼卦强调『不永所事』与『复即命』。前者是说不要陷入拖延不决的困境，后者在今天来看就是接受调解。倘若一意孤行，纠缠不休，或不知进退，不接受较为公平的调解而改变行动，这最终也不会有好结果的。

【精注】

①讼卦：下坎上乾，象征争讼、争论。②有孚：指诚信。窒惕：阻塞。③永：久长。不永所事：不长久困于争讼之事。④不克讼：争讼失败。归而逋：逃亡，逃避。邑：封地，古代三百户为一邑是小国。眚：过失，灾祸。⑤食旧德：吃昔日俸禄。贞厉：正确但危险。⑥复即命：回归正理。渝：改变习性，改变初衷。⑦锡：通『赐』。鞶：大带。古代根据官阶颁赐的腰带，上或有金玉之饰。终朝：终日，整天。拕：剥夺。

【今译】

讼卦 讼：象征争讼、争论。讼卦卦象是下单卦为坎，险陷；上单卦为乾，代表刚健。只要心怀诚信，加以警觉，申辩中持中和之道不偏不倚，可获吉祥；如果始终强争不息，不见好就收，则有凶险。如果有德高望重的人出现则会有利，要渡过大河大川则不会顺利。

初六　不利于长久困于争辩不休中，应减少口舌，平息是非，最终可获吉祥。

九二　争讼失败，走为上策；逃到只有三百户的小邑，便可息事宁人躲过灾难。

六三　安享昔日俸禄，守住纯正的美德，虽然此地仍要处处小心防备，但最终能获得吉祥。或许还有辅佐君王的可能，但居功不足。

九四　争讼失利，回归正理，改变争讼的初衷，安贞守正，则可以平安无事。

九五　审断争讼，得到了公正的判决。中正无讼则吉。

上九　也可能由于决讼清明而荣获颁赐或加封，但如果君王反复无常，一天中又三次下令收回，这是要警觉的。

【集解】

讼，有孚。

干宝曰：离之游魂也。离为戈兵，此天气将刑杀，圣人将用师之卦也。「讼，不亲也。」兆民未识天命不同之意。

荀爽曰：阳来居二而孚于初，故曰「讼有孚」也。

疏　干注：讼四不变，是离宫游魂卦也。「离为戈兵」，《说卦》文。四为阴卦主八月，故云「此天气将刑杀」。下《象》注云「武王观兵」，故云「圣人将用师之卦也」。「讼，不亲也」，《杂卦》文。二变正，坤为民。外乾为天，互巽为命。《说卦》又曰「同人，亲也」。讼下坎反离为同人。同人，离宫归魂卦也。同人亲而讼不亲，讼则不同，故「未识天命不同之意」也。

荀注：四阳二阴之卦自遁来，三阳来居于二而孚于初阴，阴阳相感，故曰「讼有孚」。坎为孚，故曰「有孚」也。

窒惕，中吉。

虞翻曰：遁三之二也。「孚」谓二。窒，塞止也。惕，惧二也。二失位，故不言贞。遁将成否，则「子弑父，臣弑君」。三来之二得中，弑不得行，故「中吉」也。

疏　「遁三之二」者，讼自遁来也。「孚谓二」者，《坎》卦辞曰「坎有孚」，以二中实也。《说文》：「窒，塞也。」「塞」有「止」义，故云「塞止也」。艮土下塞坎水，止遁不成否也。坎为加忧，故为「惕」。「惧二也」者，惧坎险也。二失位不正，故「不言贞」。遁消二，及三则成否矣，有弑父弑君之象。今三之二，得中有孚，消不成否，弑不得行，故「中吉」也。

终凶。

虞翻曰：二失位，终止不变，则「入于渊」，故「终凶」也。

疏 二阳失位，止而不变，初在坎水，故为「渊」。不变自初始，陷于坎险，故「入于渊」，所以「终凶」也。

利见大人，不利涉大川。

侯果曰：「大人」谓五也，断决必中，故「利见」也。讼是阴事，以阴涉险，故「不利涉大川」。

疏 五位天子，故知「大人谓五也」。二四争三，故二与四讼。诸爻不正，惟五有刚健之德，居上正中，故「断决必中」。下互离为目，故利见九五大人。讼是阴险之事，坎为险，又为「大川」，以险涉险，故「不利涉大川」也。

初六。不永所事，小有言，终吉。

虞翻曰：永，长也。坤为事，初失位，而为讼始，故「不永所事」也。「小有言」谓初四易位成震「言」，三「食旧德」，震象半见，故「小有言」。初变得正，故「终吉」也。

疏 「永，长也」，《释诂》文。「坤为事」，谓遁变坤也。初失位，故「为讼始」，变之正，故「不永所事」也。初与四应，易位成震，震声为「言」。三合二，震象半见，故曰「小有言」。初变得正，其卦为履。履者，礼也。《曲礼》曰「分争辩讼，非礼不决」，故虽「小有言，终吉」也。又变兑为口、为小，故「小有言」。二动应五，三「食旧德」，兑象毁坏，故「终吉」也。

九二。不克讼，归而逋。

虞翻曰：谓与四讼，坎为隐伏，故「逋」。乾位刚在上，坎濡失正，故「不克」也。

疏 「谓与四讼」者，坎之险在二，乾之健自四始也。「坎为隐伏」，《说卦》文，隐伏故「逋」。乾五刚而得位，坎阳居阴，濡溺失正，故「不克」也。

愚案：《书·泰誓》：「多罪逋逃。」《汉书·匈奴传·赞》：「遁逃窜伏。」是「逋」与「遁」同义。遁三之二成讼，二归于三，则仍成遁矣，故曰「归而逋」。

其邑人三百户，无眚。

虞翻曰：眚，灾也。坎为「眚」。谓二变应五，乾为「百」，坤为「户」，三爻，故「三百户」。坎化为坤，故「无眚」。

疏 《书·舜典》：「眚灾肆赦。」故云「眚，灾也」。《说卦》「坎为多眚」，故云「坎为眚」。二变正，上应五，外乾内坤。「乾为百」者，三爻之策皆三十六，略其奇八，以就盈数，故称「百」也。「坤为户」者，乾门坤户，阴阳大小异名也。「三爻」谓内三爻坤，「三爻故称三百户」。坎多眚，化坤之正，坤成坎毁，故「无眚」也。

案：《乾凿度》：「二为大夫。」孔疏「三百户者，郑注《礼记》云「小国下大夫之制」」，又云「小国之下大夫，采地一成，其定税三百家，故三百户也」。

又案：二刚变柔，不与五敌，故曰「不克讼」。二为大夫，不敢据邑以叛，故曰「归而逋」。二变化坎为坤，二为邑主，二无眚，则邑人亦无眚，故曰「其邑人三百户，无眚」。

六三。食旧德，贞厉，终吉。

虞翻曰：乾为「旧德」，「食」谓初四，二已变之正，三动得位，体噬嗑食，四变食乾，故「食旧德」。三变在坎，正危「贞厉」。得位，故「终吉」也。

疏 《系辞上》曰「可久则贤人之德」，谓乾也。讼乾即遁乾，故「为旧德」。「食谓初四」者，初与四易位则食乾也。初四已易位，二变正为阴，三动得位为阳，是体象噬嗑食也。「四变食乾」者，四变则乾体坏，如「日有食之」，「月有食之」，故云「食乾」也。《乾凿度》曰「三为公」，「食旧德」，食父故禄也。乾为父，三失位，动而承乾，有「食旧德」之象。二四之正，三体变坎，虽正而危，是「贞厉」也。变得位，故「终吉」也。

或从王事，无成。

虞翻曰：乾为「王」，二变否时，坤为「事」，故「或从王事」。道无成而代有终，故曰「无成」。坤三同义也。

疏 乾为君，故「为王」。二变成否体坤，坤发事业，故「为事」。坤臣上承乾君，故言「或从王事」也。「道」上脱「地」字，当从《坤·文言》「地道无成而代有终也」，故曰「无成」。云「坤三同义也」者，坤三发成泰，乾为「王」，坤为「事」，震为「从」，「地道无成而代有终」，故曰「或从王事，无成有终」。坤三以泰从王事，此以否从王事，皆为地道，故义同。彼发而从王事，故『有终』。此未动，故言『无成』。变而『终吉』，则亦『有终』也。四已易，二未正，三亦有震象，故亦言『从』也。

愚案：三上皆不得位，虽为不义之应，然阴阳相从，上不侵三，故三得食遁乾旧德。二无正应，几不保其邑人。三有正应，故能食其旧德。若变而之正，不与上应，虽危亦吉，故曰『贞厉终吉』也。但变正从乾，或有王事，亦当守柔顺之道。与坤三同位，故与坤三同辞。不言有终，讼不可终也。

九四。不克讼，复即命，渝。安贞吉。

虞翻曰：失位，故『不克讼』。渝，变也。不克讼，故复位，变而成巽，巽为命令，故『复即命，渝』。动而得位，故『安贞吉』，谓二已变，坤安也。

疏 二与四皆失位，故皆『不克讼』也。『渝，变也』，《释言》文。惟不克讼，故复其本位，变阴成巽。《巽·彖传》曰『重巽以申命』，故『巽为命令』也。『复即命，渝』者，即，就也，与初易位体复，故『复即命，渝』也。『动而得位』者，动变为阴，得正位也。故『安贞吉』者，贞，正也，安乎正，则吉也。二已变，四又变，则体坤，坤为土，故为『安』，《坤》卦辞曰『安贞吉』是也。

愚案：二『不克讼』者，二为坎主，变其险，故上不逼五也。四为乾始，变其健，故下不陵初也。复其阴位，则就乎巽之命，渝为阴爻，则安乎坤之贞，是以吉也。

九五。讼元吉。

王肃曰：以中正之德，齐乖争之俗，『元吉』者也。

王弼曰：处得尊位，为讼之主。用其中正，以断枉直，『中』则不过，『正』则不邪，刚则无所溺，公则无所偏，故『讼元吉』。

疏 王注：上下五爻皆不得位，惟九五既中且正，故以九五中正之德，齐上下乖争之俗，是以『元吉』也。

王注：以九处五，是得尊位，而为听讼之主者也。用其中正之德，以断枉直之情，『中』则无过差，『正』则无邪曲。复言『刚』与『公』者，九为阳刚，与六二言中正者殊也，故云『刚则不溺』也。《史记·吕后纪》：『未敢讼言诛之。』注云『讼，公也』，盖于文公言为『讼』，知听讼贵公也，故云『公则不偏』。有是四德，故『讼元吉』也。

上九。或锡之鞶带。

虞翻曰：「锡」谓王之锡命。鞶带，大带，男子鞶革。初四已易位，三二之正，巽为腰带，故「鞶带」。

疏 乾为君，故为「王」，巽为「命」，故云「锡」，谓「王之锡命」也。《说文》：「鞶，大带也。」故云「鞶带，大带」。《内则》：「男鞶革。」故云「男子鞶革」。讼本有巽，初四易位，则乾亦变巽，三二之正，则坎亦变巽。「巽为腰带」者，巽为帛、为交，坎属肾水为「腰」，巽覆坎腰，故为「腰带」。

终朝三拕之。

虞翻曰：位终乾上。二变时，坤为「终」。离为日，乾为甲，日出甲上。故称「朝」。应在三，三变时，艮为手，故「终朝三拕之」。使变应已，则去其鞶带，体坎乘阳，故《象》曰「不足敬也」。

侯果曰：褫，解也。乾为衣、为言，故「以讼受服」。

荀爽曰：二四争三，三本下体，取之有缘。或者，疑之辞也。以三锡二，于义疑矣，争竞之世，分理未明，故或以锡二。终朝者，君道明。三者，阳成功也。君明道盛，则夺二与四，故曰「终朝三拕之」也。鞶带，宗庙之服。三应于上，上为宗庙，故曰「鞶带」也。

翟玄曰：上以六三，锡下三阳，群刚交争，得不以让，故终一朝之间，各一夺之，为「三拕」。

疏 虞注：上居乾终。二变作坤，月出震终坤，故「坤为终」。互离日，故云「离为日」。乾纳甲，故云「乾为甲」。离日出于乾甲之上，于文为「滦」，《说文》「早」作「滦」，滦故称「朝」也。下应三，三变还遁成艮，「艮为手」，《说卦》文。「拕」从手，故取艮手而曰「终朝三拕之」也。三使上变应已，而艮手即去其鞶带，自三至上隔三爻，故「三拕之」。三以坎体上乘阳位，乾敬象坏，故「《象》言不足敬也」。

侯注：「拕」，本亦作「褫」，《荀子·非相篇》「极礼而褫」，「褫」亦训「解」，义与此同。「乾为衣、为言」，《九家·说卦》文，「为言」即「讼」，「为衣」即「受服」也。

荀注：《乾凿度》曰「初为元士，二为大夫，三为三公，四为诸侯，五为天子，上为宗庙」，二与四争三公之服，三本下体，与二相比，是取之有因也。《乾·文言》：「或之者，疑之也。」故云「或者，疑之辞也」。以三公之服，锡二大夫，故「于义疑矣」。惟争竞之世，分理未明，故「或以锡二」也。《尚书·大传》曰「岁之朝、月之朝、日之朝，则后王受之』，郑彼注云『自正月尽，四月为岁之朝，上旬为月之朝，平旦至食时为日之朝』，故『终朝』为『君道明』。《春秋元命苞》曰『阳成于三』，故云『三者，阳功成也』。四为诸侯，入为三公，宜服三公之服，故『君道盛，则夺二与四』。阳道方长，故『三拕之』也。鞶带，服之以祭者，故云『宗庙之服』。三应于上，上为宗庙，故知鞶带为祭服而在上也。

翟注：上与三应，故『上以六三，锡三阳爻』。乃二与四五，群刚交争，得者不让，故一日之间，三阳各一夺之，为『三拕』也。

愚案：上与三应，三互巽帛为『鞶带』，互离日为『终朝』，自上至三历三爻，为『三拕』。上以阳刚居极，健胜于险，克讼者也。即或讼而得胜，『锡之鞶带』，然过刚失位，亦『终朝三拕之』矣。夫讼而获胜，辱且随之，况不胜者乎？初以『不永』获吉，是『谋始』者也。三四在中，变而得正，是『中吉』者也。上处乎终，健讼为事，虽荣亦辱，是『终凶』者也。

师卦第七 ䷆

【原典】

坎下坤上　师[1]，贞，丈人吉，无咎。[2]

初六　师出以律，否臧，凶。[3]

九二　在师中，吉，无咎。王三锡命。[4]

六三　师或舆尸，凶。[5]

六四　师左次，无咎。[6]

六五　田有禽，利执言，无咎。长子帅师，弟子舆尸，贞凶。[7]

上六　大君有命，开国承家，小人勿用。[8]

【导读】

师卦经文有两点需要注意：首先是『师出以律』，军纪严明这是古人实践经验的总结，对我们今天仍有指导意义。其次，『开国承家』『小人勿用』，是统治阶层用人的准则。

【精注】①师卦：坎下坤上，象征军队战争。②丈人：老成持重者，此指军事统帅。③律：军纪，纪律。否臧：不善，不好。④在：统率。中：中正。王三锡命：君王多次颁赐奖赏其功。锡命：发布奖赏的命令。⑤舆尸：用车载运尸体，比喻兵败如山。⑥左次：驻扎在左方。如驻扎在左低右高的地势上，利于防御和攻击。⑦禽：动物。执言：责难，声讨。弟子：次子。⑧大君有命：君王降下诏命，论功封爵。开国：封诸侯，开创千乘之国。承家：授大夫，承袭百乘之家。家，大夫封地。小人勿用：意在用君子，不要用小人。

【今译】师卦卦象是上单卦为坤，坤为地，为母；下单卦为坎，为水，为险。师卦：指军队而言。军事上以刚直中正，听从天命，众望所归的统帅率师出征才能得到吉祥，必无灾祸。

初六　军队出征，必须要依靠严明的军纪，如果军纪混乱，定有凶险。

九二　统率军队出征打仗，只要持守严明中道又有英明将军，此将军又能得到君王的赏识，并三度给以褒奖，则可获吉祥。

六三　兵败如山，大败而归。凶险。

六四　排兵布阵得当，能守能攻，并严阵以待，可免灾祸。

六五　打仗和打猎一样，王者之师，用将必须刚断，委任才能出众的统帅指挥作战；复又让小人、无能之辈参与争功，势必大军败北，占卜的结果是凶险的。

上六　班师回朝，天子颁布诏命，论功封爵，大功封侯，赐土地；功次之的封卿，但要重用君子，不要重用德才都差的小人。

【集解】**师，贞，丈人吉，无咎。**

何晏曰：师者，军旅之名。故《周礼》云『二千五百人为师』也。王弼曰：丈人，严庄之称，有军正者也。为师之正，丈人乃吉。兴役动众，无功则罪，故吉乃无咎。

陆绩曰：丈人者，圣人也。帅师未必圣人，若汉高祖、光武，应此义也。

崔憬曰：《子夏传》作『大人』，并王者之师也。

案：此《彖》云『师，众。贞，正也。能以众正，可以王矣』，故《老子》曰『域中有四大，而王居其一焉』。由是观之，则知夫为王者，必大人也，岂以丈人而为王哉。故《乾·文言》曰『夫大人与天地合德，与日月合明，先天而天不违，后天而奉天时。天且不违，而况于人乎』，况于行师乎。以斯而论，《子夏传》作『大人』是也。今王氏曲解大人为丈人，臆云『严庄之称』，学不师古，匪说攸闻。既误违于经旨，辄改正作『大人』明矣。

疏 何注：《周礼·地官·小司徒》：『五旅为师，五师为军。』故云『师者，军旅之名』。《夏官·大司马》：『二千五百人为师。』郑氏云：『多以军名，次以师名，少以旅名。师者，举中之言。』服虔《左氏解谊》说此卦云：『坎为水，坤为众。互体震，震为雷。雷，鼓类，又为长子。长子帅众鸣鼓，巡水而行，师之象也。』

王注：『丈人，严庄之称』者，谓『丈人』为严威庄重之人也。『有军正』者，贞者，正也，郑氏云『丈之言长，能御众，有正人之德』者也。故必为师之正，丈人乃吉也。凡兴役动众，必以严庄，乃有功劳，否则无功而有罪矣。惟贞故吉，吉则无咎也。

陆注：以『丈人』为『圣人』者，言丈人有圣人之德者也。唯武王兴师伐纣，末年受命，足以当之。后世帅师之长，未必皆圣。唯汉高祖因陈涉之乱而兴众，光武因王莽之篡而用兵，皆师出有名，动而得正，与经义相应，故引以实之也。

崔注：此据《子夏传》以『丈人』作『大人』，而谓为『王者之师』。盖必以『王者』当受命之『大人』，与《彖传》『可以王矣』之言，乃相符也。

案：李氏据《彖传》及《道德经》《乾·文言》以证《子夏传》作『大人』为是，并斥王注作『丈人』为非，然《经》文显白，据《传》辄更有乖传信传疑之旨。

愚谓：卦辞之『丈人』，即爻辞之『长子』。《大戴礼·本命》曰『丈者，长也』，互震为长子，故称『丈人』，长丈同称，又何疑焉。且《谓语》『遇丈人』，注云『丈人，老人也』，《诗·大雅》曰『维师尚父』，《小雅》曰『方叔元老』。盖古之命帅，多择老成，故曰『丈人吉』也。

初六。师出以律，否臧，凶。

案：初六以阴居阳，履失其位。位既匪正，虽令不从。以斯行师，失律者也。凡者率师，出必以律，若不以律，虽臧亦凶，故曰『师出以律，失律凶也』。

《九家易》曰：坎为法律也。

疏 案：阴居阳位非正，虽有号令，众必不从，是『行师而失律者也』。初居师首，承二互震为『出』，言『师出以律』，则慎终于始，何凶之有。今阴柔失位，不能以律则为『否』，否则虽臧亦凶。《象》言『失律』，谓失位也。《释诂》：『臧，善也。』《左传·宣公十二年》说此爻云『执事顺成为臧，逆为否』。初失位，故『否臧凶』也。《九家》注：《九家·说卦》曰『坎为律』，故云『坎为法律也』。古者律度量衡之法，皆起于黄钟之九寸。黄钟，坎位也。《释言》曰『坎，律铨也』，然则以坎为律者，乐律也，非法律也。《周礼·太师》『执同律，以听军声而诏吉凶』，又『若师有功，则左执律，右秉钺，以先恺乐』，是古者出师，皆执律以从。《左传》称师旷知南风之不竞，《吴越春秋》载大夫皋如之言曰『审声则可以战』，皆其道法。逮后《史记·律书》，独拳拳于兵械，而《索隐》即援《易》文『师出以律』释之，得其旨矣。《律书》曰：『六律为万事根本，其于兵械，尤所重焉。故云望敌知吉凶，闻声效胜负，百王不易之道也。武王伐纣，吹律听声，推孟春以至于季冬，杀气相并，而音尚宫，同声相从，物之自然也。』又《兵书》云：『太师吹律，合商则战胜，军士强。角则军扰，多变失志。宫则军和，士卒同心。征则将急数怒，军士劳。习则兵弱少威。』此皆『师出以律』之明证也。

《象》曰：在师中吉，承天宠也。

《九家易》曰：虽当为王，尚『在师中』，为天所宠，事克功成，故『吉，无咎』。二非其位，盖谓武王受命而未即位也。受命为王，定天下以师，故曰『在师中吉』。

疏 阳主升，二升于五，虽当为王，然居坎中，是『尚在师中』也。二有刚中之德，是以『为天所宠』也。事克功成，故『吉无咎』也。阳当升五，处二非位，故以『武王受命而未即位』当之。及受命为王，壹戎衣而天下大定，是『在师中言』之象也。

愚案：卦以群阴统于二阳，刚有将才故吉，中有将德故无咎，将在师中之象也。师通同人，同人乾为『王』，巽为『命』，离为『三』，故有『王三锡命』之象。

九二。在师中，吉，无咎。王三锡命。

《九家易》曰：虽当为王，尚『在师中』，为天所宠，事克功成，故『吉，无咎』。二非其位，盖谓武王受命而未即位也。受命为王，定天下以师，故曰『在师中吉』。

疏 阳主升，二升于五，虽当为王，然居坎中，是『尚在师中』也。二有刚中之德，是以『为天所宠』也。事克功成，故『吉无咎』也。阳当升五，处二非位，故以『武王受命而未即位』当之。及受命为王，壹戎衣而天下大定，是『在师中言』之象也。

愚案：卦以群阴统于二阳，刚有将才故吉，中有将德故无咎，将在师中之象也。师通同人，同人乾为『王』，巽为『命』，离为『三』，故有『王三锡命』之象。

六三。师或舆尸，凶。

虞翻曰：坤为『尸』，坎为车多眚，同人离为戈兵、为折首，失位乘刚无应，尸在车上，故『舆尸，凶』矣。

疏 坤形为身，灭乙为丧身，丧故为『尸』。『坎为车多眚』，本《说卦》文。旁通同人，『离为戈兵』，《说卦》文，又曰『离为折上槁』，《离·上九》曰『有嘉折首』，故为『折首』。三阴为『失位』，履阳为『乘刚』，上阴为『无应』。坤尸在坎车之上，故为『舆尸凶』也。

六四。师左次，无咎。

荀爽曰：『左』谓二也，阳称『左』。次，舍也。『二与四同功』，四承五，五无阳，故呼二舍于五，四得承之，故无咎。

疏 『左谓二也』者，二为阳也。『阳称左』者，震初阳为春为木，《管子》曰『春生于左，秋杀于右』，董子曰『木居左，金居右』，故『阳称左』也。《左传·庄公三年》：『凡师一宿为舍，再宿为信，过信为次。』『次』虽多日，亦是『舍』义，故云『次，舍也』。『二与四同功』，《系辞下》文，四近承五，五虚无阳，四呼二阳上舍于五，故曰『师左次』。二既升五，四顺承之，以阴承阳，故无咎。

案：行军以右为前，以左为后，初在后，四与同志，故有『左次』之象。

六五。田有禽。利执言，无咎。

虞翻曰：『田』谓二，阳称『禽』。震为『言』，五失位，变之正，艮为『执』，故『利执言，无咎』。

荀爽曰：田，猎也。谓二帅师禽五，五利度二之命，执行其言，故无咎也。

案：六五居尊失位，在师之时，盖由殷纣而被武王禽于鹿台之类是也。以臣伐君，假言田猎。六五离爻体坤，离为戈兵，田猎行师之象也。

疏 虞注：二自乾来，乾九二『见龙在田』，故『田谓二』。『阳称禽』者，『本乎天者亲上』也。互震声为『言』，五阴失位，变而为阳，互艮手为『执』，故曰『利执言』。变得正，故无咎。『执言』者，即《诗》云『执讯』也。

荀注：坤为『田』。『田猎』者，为田除害，猎之言获也。二与五应，二当升五，故二欲获五，五当降二，故『利度二之命，执行其言』。所执之『言』，即王与大君之『命』，在上谓之『命』，在下谓之『言』，尊卑之义也。二执五言，故无咎。

案：五位尊，六失正，殷纣在上之象，二阳得中，武王在师之象，故『犹殷纣而被武王禽于鹿台之类』也。以臣伐君，其辞不顺，故『假言田猎』。六五离之中爻，全体则坤也。以离之兵戈，田于坤中，故云『田猎行师之象也』。

长子帅师。

虞翻曰：『长子』谓二，震为长子。『在师中』，故『帅师』也。

疏 『长子谓二』者，以二互震也。震长子主器，故『震为长子』。二曰『在师中』，是『帅师』者，长子也。

弟子舆尸，贞凶。

虞翻曰：『弟子』谓三，三体坎。坎，震之弟而乾之子。失位乘阳，逆，故『贞凶』。

疏 『弟子谓三』者，以三体本坎也。《说卦》曰『震一索而得男，谓之长男。坎再索而得男，谓之中男』，皆得乾之一阳，故『坎为震之弟而乾之子』也。三失阴位，又乘阳爻为逆，故『贞凶』。『舆尸』言『贞』，明三之同人折首也。

愚案：坤为地，故称『田』。田，田猎也。坎为弓，故称『禽』。禽，禽获也。《左传·僖公三十三年》：『外仆髡屯禽之以献。』『禽』与『擒』通，战胜执获之意。『田有禽』者，即《诗·小雅》『获丑』也。变艮手为『执』，互震声为『言』。『利执言』者，即《诗·小雅》『执讯』也。六虽失位，五则得中，下应于二，受命徂征，有执讯获丑之功，所以无咎。然五与二为正应，故震为『长子帅师』则吉。五多功，三多凶，故坎为『弟子舆尸』则凶也。盖二刚而得中，有御众之才，三柔而失位，无抚军之德，言择将不可不慎，而事权不可不一也。

上六。大君有命。

虞翻曰：同人乾为『大君』，巽为『有命』。

干宝曰：大君，圣人也。有命，天命也。五常为王位，至师之家而变其例者，上为郊也，故易位。以见武王亲征，与师人同处于野也，离上九曰『王用出征，有嘉折首』。上六为宗庙，武王以文王行，故正开国之辞于宗庙之爻。明己之受命，文王之德也。故《书·泰誓》曰：『予克纣，非予武，惟朕文考无罪。纣克予，非朕文考有罪，惟予小子无良。』开国，封诸侯也。承家，立都邑也。小人勿用，非所能也。

疏 虞注：旁通同人。『乾以君之』，故『为大君』。巽以『申命行事』，故『为有命』。

干注：《乾凿度》曰『大君者，君人之盛者也』，孟喜曰『大君者，兴盛行异者也』，故云『大君，圣人也』。上于三才为天位，故云『有命，有天命也』。五为天子，故云『五常为王位』，今上称『大君』，故云『至师之家而变其例』也。《尔雅》『邑外谓之郊』，上在外卦之外，故云『上为郊也』。『大君』在五，易称上六，以上在郊外，故云『易位以见武王亲征，与师人同处于野外也』。复引离上九爻辞者，以称『王』可以明『大君』，『出征』可以明王在郊野之象也。『上六为宗庙』，《乾凿度》义也。《史记·周本纪》『武王观兵，至于孟津，为文王木主，载以车中，言奉文王以伐，不敢自专』，故云『武王以文王行』。《书·泰誓》上篇曰『予小子夙夜祗惧，受命文考』，故云『正开国之辞于宗庙之爻』。又以明己之受命，皆文王之德，故复引《泰誓》下篇文以证之也。《春官·大宗伯》『五命赐则，六命赐官，七命赐国』，皆封诸侯之事，故云『开国，封诸侯也』。《地官·载师》『以家邑之田任稍地，以小都之田任县地，以大都之田任畺地』，注谓『家邑之田，谓大夫采邑。小都，卿之采邑。大都，公及王亲子弟之采邑』，故云『承家，立都邑也』。『小人勿用』者，谓『开国承家』，非小人所能也。

开国承家。

虞翻曰：承，受也。坤为『国』，二称『家』。谓变乾为坤，欲令二上居五为比，故『开国承家』。

荀爽曰：『大君』谓二。师旅已息，既上居五，当封赏有功，立国命家也。开国，封诸侯。承家，立大夫也。宋衷曰：阳当之五，处坤之中，故曰『开国』。阴下之二，在二承五，故曰『承家』。『开国』谓析土地以封诸侯，如武王封周公七百里地也。『承家』，立大夫为差次。立大夫因采地名。正其功勋，行其赏禄。

疏 虞注：《礼运》『是谓承天之祜』，疏云『受天之祜』，『承』训『受』，义同此也。坤土，故『为国』。二为大夫，故『称家』。同人通师，故『谓变乾为坤』。二失位升五，得中得正，故云『欲令二上居五为比』。『《比·象》曰『建万国，亲诸侯』，故曰『开国承家』』。

荀注：二升五为君，故『大君谓二』。上处师终，故『师旅已息』。二既上居于五，当封赏行师有功之人，大者开国，其次承家。『开国』则封诸侯，『家承』则立大夫。

宋注：五坤为『国』。二阳上之五，处坤之中，故曰『开国』。二位大夫称『家』。五阴下之二，二上承五，故曰『承家』。《书·武成》『列爵惟五，分土惟三』，故『开国谓析土地以封诸侯』。《礼·明堂位》『成王封周公于曲阜，地方七百里』，故云『如武王封周公七百里地也』。《皋陶谟》『夙夜浚明有家』，注谓『以为大夫』。《王制》『诸侯之上大夫、卿、下大夫五人』，故云『承家，立大夫为差次』。《礼运》『大夫有采，以处其子孙』，故云『立大夫因采地名』。《夏官·司士》『以功诏禄』，故云『正其功勋，行其赏禄』。

小人勿用。

虞翻曰：阴称『小人』。坤虚无君，体『迷复』凶，坤成乾灭以弑君，故『小人勿用』。

疏 六阴，故『称小人』。坤无阳，故『坤虚无君』。自二至上体复，复上六曰『迷复凶，有灾眚。用行师，终有大败，以其国有君凶』，虞彼注云『三复位时体师象，坤为死丧，坎流血，故终有大败。姤乾为君，灭藏于坤，故国君凶矣』，《象》曰『反君道也』，故『小人勿用』。

愚案：五为侯国之君，二为其臣，上为天王，故曰『大君』。如《诗·鲁颂》言『明明鲁侯』，是六五也，『矫矫虎臣』，是九二也，『王曰叔父，建尔元子』，是上六也。又《乾凿度》曰『上为宗庙』，师伏同人，乾君伏于坤阴，以阴居阴，是『大君』有先王之象，故云『宗庙』。伏巽为『命』，故曰『大君有命』。『开国』谓五，阴得中，『执讯获丑』也。『承家』谓二，阴得中，『长子帅师』也。『小人』谓三，以阴柔失位，『弟子舆尸』也。三与上应，上体『迷复』，易为所引，坤为『用』，变艮为止，故曰『小人勿用』。且『开国承家』，是『用命赏于祖』，『小人勿用』，是『不用命戮于社』，而总示其义于宗庙爻云。

比卦第八 ䷇

【原典】

坤下坎上 比①，吉。原筮，元永贞，无咎。不宁方来，后夫凶。②

初六 有孚比之，无咎。有孚盈缶，终来有它，吉。③

六二 比之自内，贞吉。④

六三 比之匪人。⑤

六四 外比之，贞吉。⑥

九五 显比。王用三驱，失前禽，邑人不诫，吉。⑦

上六 比之无首，凶。

【导读】

比卦讲的是人与人之间的相交之道，强调团结互助的重要性。比的范围比较广泛，或自内比于外，或自外比于内，或自下比于上，或自上比于下。比的原则在于诚信、忠贞。与没有诚信、缺乏忠贞的人相比，是『比之匪人』，结果必遭凶祸。

【精注】

①比卦：坤下坎上，象征亲密无间，团结无助。②原筮：旧筮，指再三占筮。元：即『元亨』，意为大吉大利。永贞：占问长期之吉凶。不宁方来：一些不安分的小国来归附。方国：商周时代对少数部落的称呼。后夫：后来者。

③有孚比之：有诚信之心者前来亲辅。盈缶：美酒装满酒坛。缶：大肚小口，用来盛酒的瓦罐。④内：内在要求。

⑤匪人：非其人。⑥外比：向外亲辅。⑦显比：明显地亲辅。三驱：不合围，开一面之网。诫：告诫。

【今译】

比卦 象征亲密无间，团结无助。比卦卦象是下单卦为坤，为地；上单卦为坎，为水。比卦卦象是众星捧月之象。

此卦吉祥。当年古人筮遇此卦，必有吉利，占问长久之事，没有灾祸。不安宁的小国看到势头不对也都来朝，迟缓而来者必成独夫民贼，必有凶险。

初六　诚信归顺的人前来辅佐，无灾祸。诚信之意就如装满美酒的酒坛，最终会有人前来依附，肯定是吉祥的。

六二　臣在内部亲密团结，努力辅佐君主，必将吉祥。

六三　与行为不端正的人关系密切。其害惨重。

六四　向外依附，也不能什么人都投靠，要选择贤明之君，才可获吉祥。

九五　招贤纳士应当光明无私，竭诚欢迎所有前来投靠的人。正如君王狩猎，三方驱围，网开一面，舍逆而取顺。使邑人都不惧怕之，这样才会吉祥。

上六　和众人亲密团结但自己没有居于首领的地位。凶险。

【集解】

比，吉。

虞翻曰：师二上之五，得位，众阴顺从，比而辅之，故『吉』。与大有旁通。

《子夏传》曰：地得水而柔，水得土而流，比之象也。夫凶者，生乎乖争，今既亲比，故云『比吉』也。

疏　虞注：『师』二失位，上居九五为『得位』。坤阴为『众』为『顺』，《彖传》曰『下顺从也』，故云『众阴顺从』也。又曰『比，辅也』，故云『比而辅之』。以五阴比一阳为比。以五阴顺一阳，故吉也。比伏大有，故『与大有旁通』。

《子夏传》：地本柔也，得水而始柔，不得水则失之燥矣。水本流也，得地而始流，不得地则无所附矣。地本亲下，『水曰润下』，故云『比之象也』。乖争则凶，亲比则吉，故曰『比吉』也。

原筮，元永贞，无咎。不宁方来，后夫凶。

干宝曰：比者，坤之归魂也，亦世于七月，而息来在巳，去阴居阳，承乾之命，义与师同也。原，卜也，《周礼》三卜，一曰『原兆』。坤德变化，反归其所，四方既同，万国既亲，故曰『比吉』。考之蓍龟，以谋王业，『大相东土，卜惟洛食』，遂乃『定鼎郏鄏，卜世三十，卜年七百』，德善长子兆民，戬禄永于被业，故曰『原筮，元永贞』。

逆取顺守，居安如危，故曰『无咎』。天下归德，不唯一方，故曰『不宁方来』。后服之夫，违天失人，必灾其身，故曰『后夫凶』也。

疏 坤变至五，游魂于四，归魂于三成比，故云『坤之归魂也』。坤宫泰世在三，比归魂亦世在三，三世卦阴主七月，三阴在申也，故云『亦世于七月』。『而息来在巳』者，比于消息为四月卦。申为阴，巳为阳，故云『去阴居阳，承乾之命』。乾用事四月，师亦四月，故云『义与师同也』。《周礼·太卜》：『掌三兆之法，一曰玉兆、二曰瓦兆、三曰原兆。』『原』训为『卜』，举『原兆』以该『玉兆』『瓦兆』也。由坤至比，八变而反归其所，坤为方，故云『四方既同』，又为国，故云『万国既亲』。同而且亲，故曰『比吉』也。《书·洪范》曰『谋及卜筮，龟从筮从』，故云『考之蓍龟，以谋王业』。《洛诰》曰『大相东土。我乃卜涧水东，瀍水西，惟洛食。我又卜瀍水东，亦惟洛食』，故云『大相东土，卜惟洛食』。『定鼎郏鄏，卜世三十，卜年七百』，《左传·宣公三年》文。引三书者，释『原筮』也，『德善长于兆民』者，释『元』也，『戬禄永于被业』，释『永贞』也，故曰『原筮元永贞』。『逆取顺守』者，周以征诛取天下，而以忠厚守之也。『居安如危』者，安不忘危，所以长守贵也，故曰『无咎』。《武成》曰『大赉于四海，而万姓悦服』，是『天下归德，不唯一方』也。故曰『不宁方来』。《史记·卫世家》：『武王既已克殷，以殷余民封纣子武庚禄父，乃令其弟管叔蔡叔传相武庚，以和其民。管叔蔡叔乃与武庚作乱。周公以成王命，兴师伐殷，杀武庚管叔，放蔡叔。』是『后服之夫，违天失人，必灾其身』也，故曰『后夫凶』。

愚案：《尔雅·释言》：『原，再也。』互艮为手，师震为草，以手持草，有『筮』象焉。蒙之『初筮』谓初，比之再『筮』谓二。谓二者，师二之五成比也。五阳乾元，故曰『元』。全体坤，坤『利永贞』，故曰『永』。五得正，故曰『贞』。萃九五亦曰『元永贞』，以萃与比同体，而四未变也，虞彼注云『四变之正，则五体皆正，故元永贞，与《比·象》同义也』。贞，故『无咎』。五，比之主也，坎劳卦，故『不宁』。坤为『方』，故『方来』，犹《诗》所谓『干不庭方』也。以一阳动于上，而坤阴在下应之，故曰『不宁方来』，来则比矣。五阳为『夫』，上在五后为『后夫』。坤方咸来，而上处艮背，又无正应，是不比者也，故不吉而凶。

初六。有孚比之，无咎。

虞翻曰：『孚』谓五。初失位，变来得正，故无咎也。

荀爽曰：初在应外，以喻殊俗。圣王之信，光被四表，绝域殊俗，皆来亲比，故无咎也。

疏 虞注：『孚谓五』者，坎为『孚』也。『初失位』者，阴居阳也。比与大有旁通，消息之卦，五下初息大有，故云『变来得正』。得正，故无咎也。

荀注：二与五为正应，故曰『比之自内』。初在二下，故云『初在应外』。初远于五，故『以喻殊俗』也。『光被四表』，《书·尧典》文，《礼聘义》曰『孚尹旁达，信也』，故云『圣王之信，光被四表』也。《中庸》曰『凡有血气者，莫不尊亲』，故云『绝域殊俗，皆来亲比』也。在比之初，信以相与，故无咎也。

有孚盈缶，终来有它，吉。

虞翻曰：坤器为『缶』，坎水流坤，初动成屯。『屯者盈也』，故『盈缶』。终变得正，故『终来有它吉』，在内称『来』也。

疏 《系辞上》曰『形乃谓之器』，又曰『形而下者谓之器』，皆谓坤在地成形也，故知坤为器。《考工记》『范土以为器』，坤为土，缶，土器也，且坤腹有容，其象为缶，故云『坤器为缶』。坎水在上，流于坤土，初动成阳，其体为屯，《序卦》曰『屯者，盈也』，故曰『盈缶』。变阳得正，故『终来有它，吉』。自外来内，故云『在内称来也』。比卦五阴，皆以比五为吉凶，独初则五来比之，变正为『前禽』，故『有它吉』。

六二。比之自内，贞吉。

干宝曰：二在坤中。坤，国之象也。得位应五而体宽大，君乐民人自得之象也，故曰『比之自内，贞吉』矣。

疏 二在坤中，『内』也。坤为地，故云『国』之象也。阴得位，正应五。坤二纳乙巳，巳主西方，《翼奉传》曰『西方之情喜也，喜行宽大』，故云『而体宽大』。坤为民，位在中，中和化应，故『民人自得』。《杂卦》曰『比乐』，是比有乐象，故『君乐民人自得之象也』。自二应五，故『比之自内』。得正，故『贞吉』也。

六三。比之匪人。

虞翻曰：匪，非也，失位无应，三又多凶，体剥伤象，弑父弑君，故曰『匪人』。

疏　『匪』、『非』古今字。三阴失位，上无正应，《系辞下》曰『三多凶』，故云『三又多凶』。初至五体剥，剥者，伤也，故云『体剥伤象』也。此与否六三同义，故二卦皆曰『匪』人。虞彼注云『谓三比坤灭乾，以臣弑其君，以子弑其父，故云匪人』，与比同义也。

六四。外比之，贞吉。

虞翻曰：在外体，故称『外』。得位比贤，故『贞吉』也。

疏　四在外体，故『称外』。四应初而承乎五，舍初比五，故曰『外比』。阴得正位，外比五贤，故曰『贞吉』也。

九五。显比。

虞翻曰：五贵多功，得位正中，初三已变体重明，故『显比』。谓『显诸仁』也。

疏　《系辞上》曰『卑高以陈，贵贱位矣』，虞彼注云『乾高贵五』，《系辞下》曰『五多功』，故云『五贵多功』。以阳居五，故云『得位正中』。初与三皆失位，当变而之正，成既济定，有两离象，故云『初三已变体重明』。《说文》『浉』字下云『案微杪也。从日中视丝。古文以为显字』。卦自下升，微而之显，『显』从日，离为日，日中视丝，案见微杪，故九五称『显比』。『显诸仁』，《系辞上》文，盖震为『仁』，五降初为元善，三阴亦正其体为离，故谓『显诸仁』也。

愚案：比通大有，五伏离明，故曰『显比』。大有九五称『威如』，谓伏乾也。比九五称『显比』，谓伏离也。

王用三驱，失前禽。

虞翻曰：坎五称『王』，『三驱』谓驱下三阴，不及于初，故『失前禽』。谓初已变成震，震为鹿、为惊走，『鹿斯之奔』，则『失前禽』也。

疏　乾五交坤成坎，故『坎五称王』。五自师二来，故『三驱谓驱下三阴』。五降初为复，故驱『不及初』。『前禽』谓初，故『失前禽』。初变成震，鹿性惊。震惊，故『为鹿』。震为作足，故『为惊走』。『鹿斯之奔』，《诗·小弁》文。鹿奔，故『失前禽也』。

案：伏离为网罟，故以田猎为喻。三驱者，中冬大阅之法。《周礼·大司马》：『中冬教大阅，虞人莱所田之野为三表，又五十步为一表。田之日，司马建旗于后表之中，乃陈车徒，鼓行鸣镯，车徒皆行，及表乃止』为一驱，『鼓进鸣镯，车骤徒趋，及表乃止』为二驱，『乃鼓，车驰徒走，及表乃止』为三驱，意主教战，不在获禽。故师五日『田有禽』，比五日『失前禽』，喻舍逆而取顺也。盖师主义，故利在『执』。比主仁，故吉在『失』。

邑人不戒，吉。

虞翻曰：坤为『邑』，师震为『人』。师时坤虚无君，使师二上居五中，故『不戒吉』也。

疏 坤上，故『为邑』。比自师来，师震阳生称『人』，故《象传》虞注谓『邑人』为『二』。二本师震，在坤中，故称『邑人』。师时六五，坤虚无君，今使师二上居五中，是众阴所乐比者也。震为言，震象不见，故不待告戒而自比之。不戒而孚者，是不言而信也，故吉。

上六。比之无首，凶。

荀爽曰：阳欲『无首』，阴以『大终』，阴而『无首』，不以『大终』，故『凶』也。

虞翻曰：首，始也。阴道无成而代有终，无首凶。

疏 荀注：『阳欲无首』者，乾『用九见群龙无首吉』是也。『阴以大终』者，坤『用六永贞以大终』是也。今阴而无始，是『无首』也。『不以大终』，是不能大终阳事也。《象传》曰『后夫凶』，谓上六也，故凶。

虞注：『首，始也』者，乾阳为『首』，上以阴居艮背之上，是『无首』也。转言『始』者，上亦欲比五，失之于始，故『后夫』，以无始，故无终也。『阴道无成而代有终』者，阴从阳乃有终也，无首则无终，故凶。

小畜卦第九 ䷈

【原典】

乾下巽上 小畜①，亨。密云不雨，自我西郊。②

初九 复自道，何其咎，吉。③

九二 牵复，吉。④

九三 舆说辐，夫妻反目。⑤

六四 有孚，血去惕出，无咎。⑥

九五 有孚挛如，富以其邻。⑦

上九　既雨既处⑧，尚得载⑨，妇贞厉。月几望⑩，君子征凶。⑪

【导读】小畜卦爻辞讲的是小有积聚，多反映古代游牧民族的生活图景。要选择好的天气放牧，还要防范强者的抢劫。『密云不雨，自我西郊』，说的是天气变化的自然规律。

【精注】①小畜卦：乾下巽上，象征阴柔力量的聚集，有『止』的意思。小，少。畜，通『蓄』。②自我西郊：浓云从我邑西郊而起。③复自道：回归自身的道行。④牵复：牵连而复回。⑤说：通脱。辐：古代车子上固定车轮于轮轴上的掣栓。反目：失和。⑥孚，诚信。血去：排除惊恐。血，同『恤』，忧虑。⑦挛：拘系，捆绑。如：样子。富以其邻：与邻人同富。以，与。⑧既雨既处：天已降雨，雨已停息。⑨尚得载：还可以运载。⑩几望：即既望，古代历法，每月十六日为『既望』。⑪征：出征。

【今译】小畜卦　象征小有积聚。小畜卦卦象是下单卦为乾，为天，为健；上单卦为巽，巽为风。风行于天上。筮得此卦亨通。浓云密布虽不降雨，云气从我邑西郊升起，终归会下大雨。意旨文章才艺与道德君子尚未到大有作为的时刻。

初九　不要太过阳刚，要回归自身的道行，才不会有什么灾祸。过于猛烈了，就要及时回头，这才吉祥。

九二　与志同道合的人携手而进，处于中庸而得正，也能获得吉祥。

九三　阳刚前行，阴柔挡道，就像车轮脱了轴，夫妻反目为仇。

六四　如能谦容大度，并得到有力的相助，就可以避免伤害和恐惧，远离敛血之灾，有惊无险。

九五　只要以诚信之德与人相处，并真诚配合，便可刚柔相济，共同致富。

上九　天上已然降下大雨，风已经停息。积集的德行与富贵都可用车来载运了，这时就要想到福、灾所依之事，未雨绸缪，以盈满告诫自己，家道也是如此，悍妻持家，必有祸殃。

【集解】

小畜，亨。

侯果曰：四为畜主，体又称「小」。唯九三被畜，下刚皆通，是以「小畜亨」也。

疏 阴主敛，故「四为畜主」。阴为小，互兑少亦为小。故「体又称小」。五阳皆为所畜，而亲被其畜者，九三也。三为四阴所畜，三乘二，四应初，故「下刚皆通」也。亨者，通也，是以「小畜亨」也。

密云不雨，自我西郊。

崔憬曰：云如不雨，积我西邑之郊，施泽未通，以明小畜之义。

案：云雨者，阴之气也。今小畜五阳，而一阴既微少，才作「密云」，故未能为雨。四互居兑，「西郊」之象也。

疏 崔注：小畜与豫旁通，四体坎，坎为云为雨。今阴虽得位，坎象不见而互离为日，在乾天之上，又巽为不果，故有「密云不雨」之象。互兑，故称「西邑」。西邑，西岐也。言密云积我西邑之郊，雨泽郁而未通，小畜之义也。至上变坎言「雨」，畜极而通也。

案：焦氏《易林》曰「阴积不已，云作淫雨」，故云「云雨者，阴之气也」。今小畜五阳一阴，阳多阴少，故「才密云，未能为雨」也。四互兑，《说卦》曰「兑，正秋也」，是西方之卦也，故云「西郊之象」。

初九。复自道，何其咎，吉。

虞翻曰：谓从豫四之初成复卦，故「复自道」。「出入无疾，朋来无咎」，「何其咎，吉」。乾称「道」也。

疏 与豫旁通，豫四之初则成复矣，故曰「复自道」。《复·象传》曰「出入无疾，朋来无咎」，故曰「何其咎，吉」。「乾道变化」，故「乾称道」。豫四本复初，故言「复自道」。且复初九曰「不远复，无祇悔，元吉」，故《象》曰「复自道，其义吉也」。

九二。牵复，吉。

崔憬曰：四柔得位，群刚所应。二以中和，牵复自守，不失于行也。

疏 四柔得位，为畜之主，群刚皆应。二不应五而应四者，「二与四同功」。且有中和之德，故虽牵复于初以应四，然能自守其刚，不失于行，故吉也。二仍言「复」者，旁通于豫，豫四之初成复，阳息至二「朋来」，失位，五引之，则变正反复，故曰『牵复』。五体巽绳，二在豫艮手，故曰『牵』。复六二爻辞曰『休复吉』，故二『牵复』亦曰『吉』也。

愚案：四五皆言『孚』，故初二皆言『复』。初正应四，是安于畜者也，故曰『自复』。二应五而旁应四，是勉而畜者也，故曰『牵复』。

九三。舆说辐。

虞翻曰：豫坤为『舆』为『辐』，至三成乾，坤象不见，故『舆说辐』。马君及俗儒皆以乾为舆，非也。

疏 通豫伏坤，《说卦》曰『坤为大辐』，故『为舆』。又『为腹』，腹，古文『辐』，故『为辐』。《说文》：『辐，舆轴缚也。』复息至三成乾，乾成坤毁，坤象不见，且互兑为毁折，故『舆说辐』也。『马君』谓融。又《汉书·王莽传》有『乾文舆，坤六马』之文，《易》无『乾为舆』之说，故云『非也』。

夫妻反目。

虞翻曰：豫震为『夫』为『反』，巽为『妻』，离为『目』，今夫妻共在四，离火动上，目象不正，巽多白眼，『夫妻反目』。妻当在内，夫当在外，今妻乘夫而出在外，《象》曰『不能正室』。三体离需，饮食之道。饮食有讼，故争而反目也。

疏 通豫体震，震为长男，故『为夫』。震于稼为反生，故『为反』。震长男，巽长女，故『巽为震妻』。互离，故『为目』。豫震为夫，小畜巽为妻，故『共在四』。离火动而上，动，故『目象不正』。《说卦》曰『巽为多白眼』。夫妻共爻而离巽相互，故有『夫妻反目』之象。妻在内夫在外，正也。今巽妻乘震夫而出在外，『不能正室』之象也。三体互离，上变正应为需。『需者，饮食之道也』，《序卦》文。又曰『饮食必有讼』，故『夫妻反目』而争也。

六四。有孚，血去惕出，无咎。

虞翻曰：『孚』谓五。豫坎为『血』为『惕』。惕，忧也。震为『出』，变成小畜，坎象不见，故『血去惕出』。得位承五，故『无咎』也。

疏 五中实称『孚』，四承五，故『孚谓五』也。通豫体坎，《说卦》：『坎为血卦。』故『为血』，又『为加忧』，故『为惕』，以『惕』有『忧』义也。『万物出乎震』，故『震为出』。豫变小畜，巽成坎毁，故『坎象不见』，而为『血去惕出』也。四阴得位，上承九五，其志相合，故『无咎』。

九五。有孚挛如，富以其邻。

虞翻曰：孚五，谓二也。挛，引也。巽为绳，豫艮为手，二失位，五欲其变，故曰「挛如」。以，及也。五贵称「富」，「邻」谓三，兑西震东称「邻」，二变承三，故「富以其邻」，《象》曰「不独富」。二变为既济，与东西邻同义。

疏 阳在二五称「孚」，故「孚五者，谓二也」。「挛」训「引」者，言牵连相引也。「巽为绳」者，《说卦》「巽为绳直」也。「豫艮为手」者，二在艮末也。「二失位，互欲其变」者，变承三为坎，「志行乃亨」，故「欲其变」也。二「牵」五「挛」，皆取畜义，巽绳艮手，故曰「挛如」。「以」训「及」者，由此及彼也。五位贵，且阳实，故「称富」。五在豫为震，三体兑。「邻谓三」者，以「兑西震东」，故「称邻」也。五欲二变，二变承三，故「富以其邻」，「不独富」之象也。「二变既济，与东西邻同义」者，既济九五「东邻杀牛，不如西邻之禴祭，实受其福」，既济由泰来，虞彼注「泰震为东，兑为西」，取象于邻，其义同也。

愚案：三变成中孚，故「有孚挛如」，与中孚九五同辞。又五与四孚，四五易位成大有，《系辞上》曰「富有之谓大业」，谓坤阴也，然则五孚于四，其象「挛如」，五之「富」，「富以其邻」也。此天子所以不言有无，而理财诸职独责天官，固以不畜为畜，而藏富于不竭之渊者也。

上九。既雨既处，尚得载，妇贞厉。

虞翻曰：既，已也。应在三。坎水零为「雨」。巽为「处」，谓二已变，三体坎雨，故「既雨既处」。坎云复天，坎为车，积载在坎上，故「上得积载」。巽为「妇」，坎成巽坏，故「妇贞厉」。

疏 《玉篇》：「既，已也。」既虞义也。上应在三，坎为雨以润之，故「坎水零为雨」。巽，伏也，故「为处」。二失正，已变阴，互三四体坎，故为「既雨既处」也。「坎云复天」者，谓上亦变坎，复需时也。「坎为车」者，坎于舆为多眚也。「积载在坎上」者，重坎，故为积也。「故上得积载」者，「上」通「尚」，上得积载于坎也。巽长女「为妇」，上变为坎，坎成巽坏，故妇虽贞亦厉，以阴盛将消阳也。

愚案：上变，坎为雨，畜极而通，是前之「不雨」者，今「既雨」矣。又为陷，是前之「尚往」者，今「既处」矣。又为舆，是前之「说辐」者，今「得载」矣。体巽，故称「妇」，应三「夫妻反目」，变阴得正，虽贞亦厉也。

月几望，君子征凶。

虞翻曰：几，近也。坎月离日，上已正，需时成坎，与离相望。兑西震东，日月象对，故「月几望」。上变阳消，之坎为疑，故「君子征，有所疑」矣。与归妹、中孚「月几望」义同也。

疏　「几，近也」，《释诂》文。《说卦》：「坎为月」，「离为日」。「上已正，需时成坎」者，阴得正位，如需时也。「与离日相望，兑西震东」者，豫震为坎月在震二，小畜兑为离日在兑三也。《礼·礼器》：「大明生于东，月生于西。」郑注「大明，日也」，故「日月象对」。「月几望」者，谓上与三对，非二五正，故近望也。上变则阳消之坎，坎为疑，阴盛阳消，故「君子征凶，有所疑矣」。「与归妹、中孚月几望义同也者」，归妹体震兑，五坎在震，三离在兑，中孚由讼坎离四之初体震兑，坎在兑二，离在震三，故归妹六五、中孚六四皆言「月几望」，其义同也。

愚案：上变坎为月，互体兑为初七日，下体乾为十五日，月至兑丁为上弦，将至乾甲为「几望」。几望者，未望也，盈甲则望矣。既望则生魄，而为巽辛阳消之象，月满则盈，既盈则消，自然之理，故诫君子以征凶也。

履卦第十 ䷉

【原典】

兑下乾上　履虎尾，不咥人，亨，利贞。①

初九　素履，往无咎。②

九二　履道坦坦，幽人贞吉。③

六三　眇能视，跛能履。履虎尾，咥人凶。武人为于大君。④

九四　履虎尾，愬愬，终吉。⑤

九五　夬履，贞厉。

上九　视履考祥，其旋元吉。⑥

【导读】

履卦讲的是人在社会中的实践与处世的问题。指出履道险恶，当以慎、谦为贵。虽然同是『履虎尾』，但由于态度不同，结果也会不同：若以戒慎心情对待，结果『终吉』；若自以为『眇能视，跛能履』，趾高气扬，结果必然凶险。可见，谦柔能自保，刚强则丧生，在为人处世时，谦虚谨慎，办事易吉。

【精注】

①履卦：兑下乾上，象征谨慎行走。履又为足，践也。咥，咬。②素：质朴无华。履：此为谨慎行走的意思。③幽人：安适恬淡之人。④眇：目盲，即眼不能视。武人：勇武之人。为：作为，引申为效命。大君：君王，天子。⑤愬愬：谨慎申诉的样子。⑥视：回顾。考：考察。祥：此指吉凶祸福的征兆。旋，返。

【今译】

履卦　象征谨慎行走。履本意是『踩』。履卦卦象是下单卦为兑，为泽，为柔；上单卦为乾，为刚健。态度谦和，中正无私，即使行走时不慎踩了老虎尾巴，老虎也不会咬他。亨通顺利。

初九　衣着朴素，行走谨慎，做什么事都会顺利，没有灾祸。这里指能唯守中道以自安，故吉。

九二　正志以居，与天下凶危相忘，抑志而养德，安适恬淡，当吉。占问此爻可获吉祥。

六三　目盲偏要观察，足跛偏要行走，志怀叵测，无忌惮而鼓乱，必有凶险。正如勇武之人为君王效命，却拥兵自重，好大喜功，必然伤及王朝。

九四　即使走在老虎的后面，只要我们戒慎戒躁，谦谦而警觉，总可以避开灾祸，施展抱负。

九五　即使位居尊位，也不可贸然行事，切忌独断专行。否则有危险。

上九　回顾自己的行为处世，消灾解难，善以长人，实是大吉。

【集解】

履虎尾，不咥人，亨，利贞。

虞翻曰：谓变讼初为兑也，与谦旁通。以坤履乾，以柔履刚。谦坤为『虎』，艮为『尾』，乾为『人』，乾兑乘谦震足蹈艮，故『履虎尾』。兑悦而应，虎口与上绝，故『不咥人』。刚当位，故通。俗儒皆以兑为虎，乾履兑非也。

兑刚卤，非柔。

疏 谦三为复，上息成履。非由讼来，以需上变巽成小畜，故讼初变兑则成履也。履由谦息，故『与谦旁通』。履，践行也。谓坤践行乾，又以震足行兑成乾，是为『以坤履乾，以柔履刚』。《系辞下》云『履以和行』，坤为『和』，震为『行』，是『履乾』之义也。『谦坤为虎』，释见『风从虎』。『艮为尾』者，黔喙之履多长尾，且艮阴爻象四足，而一阳在后象尾也。人禀乾阳而生，故『乾为人』。以履乾兑乘谦震足蹈艮尾，故曰『履虎尾』。兑说而与上应，虎口在三与上绝，故不咥乾人也。『刚当位』谓五，通，故『亨』也。『以兑为虎，乾履兑为非』者，此一说以为乾履兑，乾非柔，又虎在人后，非履尾，故非也。『兑刚卤非柔』也者，此又一说，以为兑履乾，以乾刚为虎，故破之云『兑非柔』，下又『兑不履乾』也。然兑实为虎也，郭璞《洞林》曰『白虎东走』，注云『兑为白虎』。白虎，西方宿。兑正西，故象虎。坤三之乾，以柔履刚，故名『履』。兑为『虎』，初为『尾』，四阴位，应初阴位，故曰『履虎尾』。马、郑皆云『咥，龁也』。乾为『人』，兑为和说而应乾刚，三为虎口，与乾异体，三不当位，故『咥人凶』。兑说而应，故『不咥人亨』。且履者，礼也，礼至则不争，故『不咥人』。『嘉会足以合礼』，故『亨』也。九五『贞厉』，是履危也，以刚中，故『不疚』。《象传》『刚中正』以下，释『利贞』也。王弼本脱『利贞』，荀氏有之，李从荀本也。

初九。素履，往无咎。

虞翻曰：应在巽为白，故『素履』。四失位变，往得正，故『往无咎』。初已得正，使四独变，在外称『往』，《象》曰『独行愿也』。

疏 『应在巽』者，四互巽也。『为白』，《说卦》文。《增韵》：『白，素也。』故称『素』。初为四所履，故称『素履』。九四失位，『愬愬终吉』，变而得正，初往应四，故『无咎』。初已得正，故不可变，必使四独变，然后已往应之也。四在外，故『称往』。引《象》『独行』，以明使四独变之意。

九二。履道坦坦。幽人贞吉。

虞翻曰：二失位，变成震为『道』、为大途，故『履道坦坦』。讼时二在坎狱中，故称『幽人』。之正得位，震出兑说，幽人喜笑，故『贞吉』也。

疏 二阳失位，变成震则为「道」，以震为大途，故「为道」也。大途故「坦」，宽平象震，故「履道坦坦」。「幽人者，幽系之人也」，尸子曰「文王幽于羑里」，荀子曰「公侯失礼则幽」。初未变时为讼，讼二为坎，坎陷为狱，二在狱中，故「称幽人」。变之正则得位，震为「出」，又为「喜笑」，体兑为「说」，象幽人出狱而喜笑，故「贞吉」也。

愚案：虞说可备一解。其实此爻之义，与《儒行》「幽居而不淫」无异旨也。

六三。眇而视，跛而履。

虞翻曰：离目不正，兑为小，故「眇而视」。视，上应也。讼坎为曳，变震时为足，足曳故「跛而履」。俗儒多以兑刑为「跛」，兑折震足为刑人，见刑断足者，非为跛也。

疏 互离为目，故「不正」。兑少女，故「为小」。《说文》：「眇，一目小也。」故「眇而视」。三与上应，上言「视履」，故云「视，上应也」。在讼时为坎，二变时为震。「坎为曳」，「震为足」，《说卦》文。《仪礼·士相见礼》：「举前曳踵。」郑注：「备跲也」，故「足曳则跛而履」也。三阴将履，上阳失正，故有此象。不取欲儒之说者，以断足非跛也。

愚案：古「能」字作「耐」，此脱寸误作「而」，详见「乾始而以美利」注。

又案：巽为股，兑为毁折，巽股而兑折之，故跛。

履虎尾，咥人凶。

虞翻曰：艮为尾，在兑下，故「履虎尾」。位在虎口中，故「咥人凶」。既跛又眇，视步不能，为虎所啮，故「咥人凶」，《象》曰「位不当也」。

疏 谦艮为尾，伏在兑下，故有「履虎尾」之象。兑三为「口」，故云「位在虎口中」。在口，故「咥人凶」也。既跛且眇，视步不能，而自以为能视能履，力不足以御虎而直履其尾，宜为虎所啮，而有咥人之凶也。以「位不当」，故有是象。

愚案：卦辞「不咥人亨」以全体「说而应乎乾」也。三不中不正，且居兑口，故「咥人凶」。亦犹小畜「密云不雨」，上九变坎则「既雨」矣。《象》言乎象，《爻》言乎变，《爻》、《象》不嫌异辞也。

武人为于大君。

虞翻曰：乾象在上，为『武人』，三失位，变而得正，成乾，故曰『武人为于大君，志刚也』。

疏 《楚语》曰『天事武』，韦注云『乾称刚健，故武』。乾为『人』为『武』，乾象在上，故『为武人』。三阴失位，变阳得正，成乾为刚，故有『武人为于大君』之象。

愚案：三互离为甲胄，变乾为『武人』。外卦乾，《说卦》曰『乾以君之』，故为『大君』。师上六曰『大君有命』，是上为大君之位也，三应在上，故曰『武人为于大君』。三失位，是有『咥人之凶』。变得正，故有『武人为于大君』之象。

九四。履虎尾，愬愬，终吉。

虞翻曰：体与下绝，四多惧，故『愬愬』。变体坎，得位，承五应初，故『终吉』，象曰『志行也』。

疏 乾与兑异体，故云『体与下绝』。『四多惧』，《系辞下》文。《子夏传》曰『愬愬，恐惧之貌也』。马本、《说文》皆作『虩虩』，与震同文。四变互震，震为恐惧，故曰『愬愬』。『变体坎』者，伏坎也。变阴得正，上承九五，下应初九，其志既行，故『终吉』也。

九五。夬履，贞厉。

虞翻曰：谓三。上已变，体夬象，故『夬履』。四变五在坎中也，为上所乘，故『贞厉』，象曰『位正当也』。

疏 上兑下乾为夬，上乾下兑为履。三上易位，故『谓三上已变』也。其体象夬，故曰『夬履』。『夬履』者，两象易也。三易位，四又变，是『五在坎中』也。坎为疾为灾，又为上所乘，故虽贞亦厉。以乾履兑，五在乾体，有中正之德，而又常存危厉，此所以『履帝位而不疚』欤？

上九。视履考详，其旋元吉。

虞翻曰：应在三，三先视上，故上亦视三。故曰『视履考详』矣。考，稽，详，善也。乾为『积善』，故『考详』。三上易位，故『其旋元吉』，象曰『大有庆也』。

疏 上应在三，三曰『眇能视』，是『三先视上』矣。上曰『视履』，故『上亦视三』。三互离目为『视』，而上亦云『视』，『天视自我民视』也。上居天位，视人所履以降祥，故曰『视履考祥』矣。『考，稽』，《小尔雅》文。《大戴·四代》曰『天道以视，地道以履，人道以稽，所谓人与天地相参也』。详，他本作『祥』，大壮『不详也』，《释文》、王肃本作『祥』，《书·君奭》：『其终出于不祥。』《石经》残碑作『详』，《吕刑》『告尔祥刑』，《后汉书·刘恺传》、郑注《周礼》『祥刑』皆作『详』，《春秋·昭公十一年》：『盟于祲祥。』服虔引『祥』亦作『详』，《史记自序》：『阴阳之术大祥。』《汉书》作『详』，是『详』、『祥』古字通也。『祥，善也』，《说文》文。《坤·文言》曰『积善之家』，谓复初至乾，故『乾为积善』。乾有善而人参之，故曰『考详』。旋，反也。三位不当，故视履皆非，上亦失位，两爻相易，各反于正，则皆吉矣，故曰『其旋元吉』。二四已正，三上易位，成既济定，故《传》曰『大有庆也』。

愚案：三互离目视上，上阳为君子，三阴为小人，君子履于上，小人视于下，《诗·大东》曰『君子所履，小人所视』是也。三视上履，可以『考详』，若三旋于上，则阴阳得正而夬可成乾，故『元吉』也。

泰卦第十一 ䷊

乾下坤上　泰①：小往大来，吉，亨。②

初九　拔茅茹，以其汇，征吉。③

九二　包巟，用冯河，不遐遗，朋亡，得尚于中行。④

九三　无平不陂，无往不复，艰贞无咎。勿恤其孚，于食有福。⑤

六四　翩翩，不富以其邻，不戒以孚。⑥

六五　帝乙归妹，以祉元吉。⑦

上六　城复于隍③，勿用师⑨。自邑告命⑩，贞吝。

【导读】

本卦从不同方面强调：『小往大来，吉。』指出阴阳之间相交感能够获吉，是对立统一的关系；『无平不陂，无往不复』句认为一切事物是相对的，均会向相反方向变化发展；『尚于中行』崇尚中正不偏，提倡诚实守信。

【精注】①泰卦：通也。乾下坤上。象征自然与社会的祥和美好。②小往大来：小的往外，大的来内。③汇：同类会信。茹：草根。茹以其汇：草根的根相连，以致牵连其同类。④包荒：荒是污秽，包是包容。冯河：即遇到虎，徒手搏斗；遇到河，毅然泅渡。不遐遗：不因偏远而遗弃。遐，远。朋亡：不要结党营私。朋，同道，同党。亡，通「无」，音义同。得尚于中行：能辅佐德行持中的君王。尚，辅佐。中行，德行持中不偏。此指六五爻。⑤陂：山边、水旁倾斜之处。艰贞：占问患难之事。勿恤其孚：不必忧虑返还。恤，忧。孚，返回。于食有福：有口福之吉。⑥翩翩：鸟疾飞样，比喻人举止轻浮。戒：戒备。孚：诚信。⑦帝乙归妹：帝乙嫁女。帝乙，纣王之父。归妹：嫁女。以祉：以之祉，意为因此而得福。以，因。之，代『帝乙归妹』。祉，福。⑧隍：干涸的护城河。⑨勿用师：不可出兵征战。师，军队。⑩告命：祷告天命。

【今译】

泰卦 象征通泰。泰卦卦象是下单卦为乾，为天，为健；上单卦为坤，为地。乾下坤上是地在泰的卦象。筮得此卦必获吉祥。

初九 拔除茅草，从其根部萌发的情况，就可知道是否春回大地，该开始播耕了。连根拔除茅草，也象征干事要与志同道合的人一起。

九二 如果有包容大川的胸怀，能容忍他人的缺点与不足，具备临危不惧、果断处事的作风，不管公事私事皆光明磊落，谨持中正之道，必获吉祥。

九三 没有只平直而不倾险之地，也没有只出行而不再返还的人；平到极点必陂，往之必复，这是自然之理。所以要坚守中正之道，并相信该来的一定会来。该有饭吃，该有酒喝，自然会来，这就是福。复有福吉。

六四 用鸟的轻盈飞翔，来比喻人之轻狂冒进，不能保住财富，人没诚信就成为阳实阴虚的状态，因而，丧失了实力。

六五 帝乙位居尊位，却能将自己的妹妹下嫁给自己的属臣，以柔居中，合于帝乙大吉，也体现了满朝的福祉。

上六　城墙倾倒在城壕之中，不可以动用很多人去修复，因为此时已盛极所以开始衰。也不宜在城邑中乞求援兵，难免有羞辱。在城邑中祷告天命，占问必有艰难之兆。

【集解】

泰。小往大来。吉，亨。

虞翻曰：阳息坤，反否也。坤阴诎外为「小往」，乾阳信内称「大来」。天地交，万物通，故「吉，亨」。

疏　泰三阳息临，云「息坤」者，乾坤消息，往来于否、泰。自姤至否，坤成乾灭，则阳息而反泰，自复至泰，乾成坤灭，则阳消而反否，故否、泰反其类，乃见消息之用，此云「反否」，在他卦则云「旁通」是也。坤阴称「小」，阴本居下，自内而出为「往」。《系辞下》曰「往者，诎也」，故「坤阴诎外为小往」。乾阳称「大」，阳本居上，自外而反为「来」。《系》又曰「来者，信也」，故「乾阳信内为大来」。二五失位，二升五，五降二，天地交，万物通，成既济定，故「吉亨」。「泰者，通也」，故四德独言「亨」。

初九。拔茅茹，以其汇，征吉。

王弼曰：茅之为物，拔其根而相牵引也。茹，相牵引之貌也。三阳同志，俱志在外，初为类首，已举则从，若茅茹也。上顺而应，不为违距，进皆得志，故以其类「征吉」也。

疏　茅根相连，拔则牵引。茹，牵引之貌也。内三阳同志，与坤为正应，故云「俱志在外」。郑云「汇，类也」。初为阳类之首，已举则二阳相从，如茅之茹也。上坤为顺，下应于乾，不相违距，阳升为进，进皆得志，故曰「以其汇征吉」。

九二。包巟。

翟玄曰：巟，虚也。二五相应，五虚无阳，二上包之。

疏　「巟」、「荒」古今字，郑云「荒，读为康，虚也」，翟从郑，故训「虚」。《诗·桑柔》「具赘卒荒」，毛传「荒，虚也」。乾盈坤虚，故「五虚无阳」。二五相应，二当升五，故「上包之」。

用冯河，不遐遗。

荀爽曰：河出于乾，行于地中，阳性欲升，阴性欲承，冯河而上，不用舟航。自地升天，道虽辽远，三体俱上，不能止之，故曰『不遐遗』。

疏 《释水》：『河出昆仑虚。』《汉书·沟洫志》：武帝时，『齐人延年上书言「河出昆仑，经中国，注渤海，是其地势西北高而东南下也」』，《说卦》：『乾，西北之卦也。』河源出于西北，故云『河出于乾』，《孟子》曰『水由地中行，江淮河汉是也』，今在坤下，故云『行于地中』。《乾凿度》曰『阳气升上，阴气欲承』，故云『乾性欲升，阴性欲承』。《诗·小旻》：『不敢冯河。』毛传『冯，陵也』，故云『冯河而上，不用舟航』。冯河上五，将为既济也。二升五，是『自地升上』也。历乾，是『天道辽远』也。二独上，非『三体俱上』也。五应二，是虽远『不能止之』也，故曰『不遐遗』。

朋亡，得尚于中行。

荀爽曰：『中』谓五，坤为『朋』，朋亡而下，则二上居五，而行中和矣。

疏 五居上中，故『中谓五』。坤曰『西南得朋』，故『坤为朋』。坤丧乙为『亡』，五离朋类而下，故云『朋亡而下』。『尚』与『上』通。五下二，则二上居五，各得其正，而行中和矣。『中和』谓六二、九五，合言之，则二五为『中』，相应为『和』。分言之，则五为『中』，二为『和』。故《周礼·大宗伯》『以天产作阴德，以中礼防之。以地产作阳德，以和乐防之』。天地者，二五也，天交乎地，『以天产作阴德』也，五为中，故『以中礼防之』。地交乎天，『以地产作阳德』也，二为和，故『以和乐防之』。又曰『以礼乐合天地之化，百物之产』，《中庸》所谓『致中和，天地位焉，万物育焉』是也。

九三。无平不陂，无往不复。

虞翻曰：陂，倾，谓否上也。『平』谓三，天地分，故『平』。『天成地平』，谓『危者使平，易者使倾』。『往』谓消外，『复』谓息内。从三至上，体『复』，『终日乾乾，反复道』，故『无平不陂，无往不复』。

疏 郑注《乐记》云『陂，倾也』。三应上，上者，泰之极而否之始也，故『谓否上也』。『平谓三』者，泰三也，内天外地，自三叉分，故三称『平』也。上互震为大途，故称『平』。下互兑为泽，故称『陂』。『天成地平』，本《书·大禹谟》文。『危者使平，易者使倾』，《系辞下》文。平易，泰三也。危倾，否上也。泰盈三，则消外而为否倾，是为『易者使倾』。否穷上，则复初而为泰平，是为『危者使平』也。『往谓消外』者，坤为消也。『复谓息内』者，乾为息也。从三至上，复体半见。『终日乾乾，反复道』，乾九三《象传》文。谓否反成泰，至三而盈，当反复道乃不陂，故曰『无平不陂，无往不复』也。

艰贞无咎，勿恤其孚，于食有福。

虞翻曰：艰，险；贞，正；恤，忧；孚，信也。二之五得正，在坎中，故『艰贞』。坎为忧，故『勿恤』。阳在五孚险，坎为孚，故有『孚』。体噬嗑食也，二上之五据四，则三乘二，故『于食有福』也。

疏 艰，艰也，险，亦难也，故云『艰，险』。『贞，正』见《师·彖传》。『恤，忧』，『孚，信』，《释诂》文。二之五得正，三在坎中，故『艰贞』。《说卦》曰『坎为加忧』，故『勿恤』。三得位承上，故『无咎』。阳在五，五孚于坎险者，以三坎又为孚也，故『有孚』。二五易位，体象噬嗑，《杂卦》曰『噬嗑食也』。二之五，则五据四阴，即三乘二阴，乘阴和则有福，故『于食有福』也。

愚案：二之五成既济，三体坎，坎险故『艰』。得正承上，故『无咎』。坎虽为忧，得正则『勿恤』。坎为孚，三坎为五坎相孚，故曰『其孚』。坎又互离为水火，《左传·昭公二十年》曰『水火醯醢盐梅，以烹鱼肉，燀之以薪』，故为『食』。福，善也。乾积善，故为『福』。五坎，既济九五也，九五乾阳为实，故曰『实受其福』。三坎孚之，故曰『于食有福』。言处极盛之时，而以艰贞之道，持盈保泰，则可长享其福也。

六四。翩翩，不富以其邻。

虞翻曰：二五变时，四体离飞，故『翩翩』。坤虚无阳，故『不富』。兑西震东，故称『其邻』。三阴乘阳，不得之应，《象》曰『皆失实也』。

疏 二五变时成既济，四体离，离为雉，又南方朱雀象。鸟飞，故曰『翩翩』。坤凝乾元，故广生为『富』。坤虚无阳，则『不富』矣。互兑秋为西，震春为东，故曰『其邻』。三阴皆下乘阳，之应则成否矣，故『不得之应』也。不之应则无阳，无阳，『失实』矣。

愚案：《诗·小雅》曰『缉缉翩翩』，毛传云『往来貌』。四与三接，否、泰往来之交。四曰『翩翩』，义取往来，即三『无往不复』之意。坤广生为『富』，三互震兑为『邻』，四为坤始，四虽富，不以富耀其邻也。

不戒以孚。

虞翻曰：谓坤『邑人不戒』，故使二升五，信来孚邑，故『不戒以孚』。二上体坎中正，《象》曰『中心愿也』，与比邑人不戒同义也。

疏『谓坤邑人不戒』者，坤为邑，此卦无邑人象，因比言之也。二升五，乾二信实，来孚于坤邑也。戒，告也。四体震为言，二来震灭成坎，故『不戒以孚』也。二上居五，体坎为『心』，中而且正，故有『中心愿』之象也。比五由师二升，比二为『邑人』，故云『与比邑人不戒同义也』。

案：三承四曰『其孚』，四乘三，故曰『不戒以孚』。

六五。帝乙归妹，以祉元吉。

《九家易》曰：五者帝位，震象称『乙』，是为帝乙。六五以阴处尊位，帝者之姊妹。五在震后，明其为『妹』也。五应于二，当下嫁二，『妇人谓嫁曰归』，故言『帝乙归妹』。谓下居二，以中和相承，故『元吉』也。

虞翻曰：震为帝，坤为乙，帝乙纣父。归，嫁也。震为兄，兑妹，故嫁妹。祉，福也。谓五变体离，『离为大腹』，则妹嫁而孕。得位正中，故『以祉元吉』也。

疏《九家》注：五为天子，故『五者帝位』。震东方，乙位东，故『震象称乙』。互震居五，是为『帝乙』。阴爻居于尊位，帝者姊妹之象也。三为震初，五在其后，是以知其为『妹』也。五与二为阴阳正应，故『五当下嫁于二』也。『妇人谓嫁曰归』，《公羊传·隐公二年》文，故『归妹』谓嫁也。五下居二，得中得正，故云『中和相承』。『元吉』者，与坤六五『黄裳元吉』同占也。

虞注：『帝出乎震』，故『震为帝』。坤纳乙，故『坤为乙』。『帝乙，纣父』者，《书·多士》曰『自成汤至于帝乙』，《左传·哀公九年》晋赵鞅筮得此爻，其言曰『微子，帝乙之元子也』，故知帝乙为纣父也。又《子夏传》曰『帝乙归妹，汤之嫁妹也』。《世本》『汤名天乙』，故称帝乙。京房《章句》载汤嫁妹之辞曰：『无以天子之尊而乘诸侯，无以天子之贵而骄诸侯。阴之从阳，女之顺夫，本天地之义也。往事尔夫，必以礼义。』其辞未必传于上世，然亦以帝乙为汤也。又荀爽《后汉书》本《传》言『汤有娶礼，归其妹于诸侯也』，是先儒皆以帝乙为汤也。『归，嫁也』，释见上。自二至五体互震兑。震长男，故『为兄』。兑少女，故『为妹』。坤为妻道，五当降二，故为『嫁妹』。『祉，福也』，《释诂》文。五变则体互离，『离为大腹』，《说卦》文。是『嫁妹而孕』也。得位故正中，正中故『以祉元吉』也。

愚案：三四为天地之交，易位则体归妹。于五言之者，五为卦主也。

上六。城复于隍。

虞翻曰：否艮为城，故称『城』。坤为积土。隍，城下沟。无水称『隍』，有水称池。今泰反否，乾坏为土，艮城不见而体复象，故『城复于隍』也。

疏 泰之上，否之三也。泰之三，本否之四。故取『否艮为城』。『艮为门阙』，又阳在外以固内，『故称城』。『坤为地』，故『为积土』。《释言》曰『隍，壑也』。《说文》曰『隍，城池也』，故云『隍，城下沟』。又曰『有水曰池，无水曰隍』，故云『无水称隍，有水称池』也。今泰反为否，则乾坏为坤，艮象不见而复体半形，故曰『城复于隍』。上宜体坎为水，既济未成，故沟无水而为隍也。

勿用师，自邑告命。贞吝。

虞翻曰：谓二动时体师。阴皆乘阳行不顺，故『勿用师』。坤为『自邑』，震为言，『兑为口』，否巽为『命』。今逆陵阳，故『自邑告命』。命逆不顺，阴道先迷，失实远应，故『贞吝』。

疏 『二动时体师』者，二至上体师也。天地虽交，以坤三阴乘阳，是为行逆不顺，故『勿用师』。坤身为『自』，众为『邑』，故『坤为自邑』，谓上也。互震声为言，又互兑为口，皆谓三也。《巽·象》曰『重巽以申命』，故否三互巽『为命』。今逆行陵阳而告于坤，故为『自邑告命』。否巽行于上，故为『命逆不顺』。《坤》卦辞曰『先迷』，故为『阴道先迷』。上体无阳而下应三命，故为『失实远应』。上六得位，虽正亦吝，故曰『贞吝』。

愚案：上极则泰反为否，乾毁坤在，故『城复于隍』。坤众为『师』，乾成坤坏，故『勿用师』。自坤邑告命于否巽，三上虽为正应，但否时震毁，告命不行，虽贞亦吝也。

否卦第十二 ䷋

【原典】

坤下乾上　否之匪人，不利君子贞，大往小来。①

初六　拔茅茹，以其汇，贞吉，亨。②

六二　包承，小人吉，大人否亨。③

六三　包羞。④

九四　有命无咎，畴离祉。⑤

九五　休否⑥，大人吉。其亡⑦其亡，系于包桑⑧。

上九　倾否⑨，先否后喜。

【导读】

否与泰相反，阴阳相背而不交，呈闭塞状态。闭塞不通，于君子不利。反映崇尚阴阳对应、相互交渗的辩证法思想，在不利环境下，需要时刻防范，格外小心谨慎，可趋吉避凶。

【精注】

①否：不通泰，事不然也。否卦：坤下乾上，象征天地闭塞，阴阳隔绝。匪人：非其人，即不当其人。②茹以其汇：草根牵连其同类。③包承：被包容并承包尊者。④包羞：被包容而为非，故可耻。⑤命：君命。畴：同类人。离祉：受福，依附福德。⑥休否：闭塞止息。⑦其亡：行将灭亡。⑧系于包桑：系在桑树丫子上。⑨倾否：开通闭塞。倾，倾覆；引申为『转化』。

【今译】

否卦　阴阳阻隔，万物不生，否卦卦象是下单卦为坤，坤为地；上单卦为乾，乾为天，是天地背离的卦象。筮得此卦对君子坚守中正之道不利，因为此时是阳气极敛，阴气上升的时候，君子应俭德避之。

初六　像拔茅草时根系相连同时出土一样，小人也常与其同类一道行动，只要守正，同样吉祥。

六二　阴气得势，小人表现得谦卑、可笑，而正道君子却超然世外，行动迟缓而消沉。但大人终不可被小人之势所干扰。

六三　其位不当，小人整日寻欢作乐，珍馐美食。君子却贱恶之。

九四　君子想拯济天下，必须依天命而行。君子需排除阻力，行收揽人才，体国用人之道。

九五　否极泰来，坤阴当道，有其亡象。但君子力求复兴泰平，仍任重而道远。桑根入土深固，必须惴惴不安。

上九　小人之伎俩已经用完，天下人都厌烦他，乘时而倾之，当刚断。吉。

【集解】

否之匪人，不利君子贞，大往小来。

虞翻曰：阴消乾，又反泰也。谓三。比坤灭乾，以臣弑其君，子弑其父，故曰「匪人」。阴来灭阳，君子道消，故「不利君子贞」。阴信阳诎，故「大往小来」。「则是天地不交而万物不通」，与比三同义也。

疏　否，消卦也。自乾来，故云「阴消乾」。与泰旁通，故云「反泰」。阴消至三成坤，故云「比坤灭乾」。「臣」谓坤，「子」谓遁艮也。遁消至二，虽艮子弑父，虽乾犹未灭。故弑君弑父，并在否三。人道灭绝，故曰「匪人」。「君子」谓五。阴来灭阳，阳道有日消之势。五虽得位，其势将消，故「不利君子贞」也。阳诎在外，故曰「大往」。阴信在内，故曰「小来」。否象闭塞，故「天地不交而万物不通也」。比三体剥，剥四曰「剥床以肤」。弑父弑君，故曰「比之匪人」。否三亦体剥艮肤也，故云「与比三同义也」。

初六。拔茅茹，以其汇。贞吉，亨。

荀爽曰：「拔茅茹」，取其相连。汇者，类也。合体同包，谓坤三爻同类相连，欲在下也。贞者，正也。谓正居其所，则「吉」也。

疏　泰取「拔茅」，以否互巽也。释见泰初。三互巽，柔爻为「茅」。初二三阴相连象茅根为「茹」，故云「拔茅茹，取其相连」。「汇」训类，本郑注。「合体」谓合坤体。「同包」谓二三同包。坤三爻皆阴，故云「同类相连」。不言征，故云「欲在下也」。「贞者，正也」，本《师·彖传》文。初不正，变之正。不征则正居其所，故吉也。

愚案：泰、否初爻皆取象于茅。「其初难知」，圣人不肯遽疑其异。但九为刚，君子之象也，故称其共进则吉。六为阴柔，小人之象也，故戒以守正则吉。且否初言「亨」者，初动成刚，反泰之始。「泰者，通也」，故独言「亨」，与泰卦「吉亨」同辞。

六二。包承，小人吉。大人否亨。

荀爽曰：「二与四同功」，为四所包，故曰「包承」也。小人，二也。谓一爻独居，间象相承，得系于阳，故吉也。「大人」谓五。乾坤分体，天地否隔，故曰「大人否」也。二五相应，否义得通，故曰「否，亨」矣。

疏 「二与四同功」，《系辞下》文。四承五，二为四所包，故曰「包承」。阴本小人，二居否时，位虽得正，亦象小人也。一爻独居正位，间隔三象，与四相承于五，是得系于阳为正应，故吉也。五位天子，又属阳爻，故为「大人」。乾阳坤阴，「分阴分阳」，故云「分体」。「天地不交」，故云「否隔」。五为卦主，故云「大人否也」。二五得中，又为阴阳正应，故否义得通。通故虽否亦亨也。

愚案：二正承五，为五所包，故「包承」。「小人道长」，故小人则吉。「君子道消」，故大人则否。然得正应五，为五所包，故虽否亦亨也。

六三。包羞。

荀爽曰：卦性为否，其义否隔。今以不正，与阳相承，为四所包。违义失正而可羞者，以「位不当」故也。

疏 卦性本有否隔之义，而否实成于三也。三以不正之阴，与四相承，为四所包。既违泰义，又失正。阴可羞，孰甚焉。其可羞者，以位不中不正，不当故也。

案：虞云「坤为耻」。《广雅》：「耻，羞也。」阴消至三，否象始成。位既不正，为上所包。以阳包阴，是「包羞」也。孟子曰「无羞恶之心，非人也」，故《象》以三为「匪人」。三与上应，皆不得正，故曰「位不当也」。

九四。有命无咎。畴离祉。

《九家易》曰：巽为「命」。谓受五之命，以据三阴，故「无咎」。无命而据，则有咎也。畴者，类也。谓四应初据三，与二同功，故阴类皆离祉也。离，附。祉，福也。阴皆附之，故曰有福。谓下三阴离、受五四之福也。

疏 巽为「申命」，互巽故「为命」。四承五，故「谓受五之命」。受命以据三阴，故无咎。若无命而失位据阴，则有咎矣。《汉书·律历志》曰「畴人子弟分散」，李奇注云「同类之人」，是「畴」为「类」也。《坤·象传》曰「乃与类行」，《系辞上》曰「方以类聚」，此卦曰「汇」，曰「畴」，皆以阴为「类」也。《系辞下》曰「二与四同功」。

四远应初近据三，又与二同功，皆上与乾为正应，故同类阴爻皆得上离乾祉也。《离·彖传》曰「离，丽也」。训「离」为「附」，谓附着也，故「离」义与「丽」同也。「祉，福也」，《释诂》文。阴附于阳，故皆有福。四承王命，故「谓下三阴离、受五四之福也」。

九五。休否，大人吉。

《九家易》曰：否者，消卦。阴欲消阳。故五处和居正，以否绝之，乾坤巽体，升降殊隔，卑不犯尊，故「大人吉」也。

疏 否为消卦，坤阴欲消乾阳。以九居五，故「处和居正」。休者，止息。否者，闭隔。故「以否绝之」为「休否」。「天地不交」，故「乾坤异体」。「上下不交」，故「升降殊隔」。否为七月卦。是时万物已成，乾坤位定，卑不犯尊，故「大人吉也」。又郑注「休，美也」，义亦通。

其亡其亡。

荀爽曰：阴欲消阳，由四及五，故曰「其亡其亡」。谓坤性顺从，不能消乾使亡。

疏 阴欲消阳，由四渐有及五之势。存不忘亡，故曰「其亡其亡」。犹曰岂其亡乎！言阴虽善消，而坤性顺从，不能消乾使遽亡也。

系于包桑。

荀爽曰：包者，乾坤相包也。桑者，上玄下黄，以象乾坤也。乾职在上，坤体在下。虽欲消乾，系其本体，不能亡也。

京房曰：桑有衣食人之功，圣人亦有天覆地载之德，故以喻。

陆绩曰：包，本也。言其坚固不亡，如以巽绳系也。

案：「其亡其亡」，近死之嗟也。「其」与几同，几者，近也。九五居否之时，下包六二。二互坤艮，艮山坤地，地上即田也。五互巽木，田上有木，莫过于桑，故曰「其亡其亡，系于包桑」。言五二包系，根深蒂固，若山之坚，如地之厚者也，虽遭危乱，物莫能害矣。

郑玄曰：犹纣囚文王于羑里之狱，四臣献珍异之物，而终免于难，「系于包桑」之谓。

疏 荀注：「乾坤相包」，《参同契》文。言阴包阳，阳亦包阴，故引以释「包」义也。《文言》曰「天玄而地黄」。《考工记》曰「天曰玄，地曰黄」。桑本上玄下黄，故取其色以象乾坤。《系辞上》曰「天尊地卑，乾坤定矣」，故云「乾职在上，坤体在下」。坤阴虽欲消乾，然系于玄黄之木。黄亦坤之本体，消亦安能遽亡也。

京注：《典术》：「桑木者，箕星之精，神木也。虫食叶为文章。人食之，老翁为小童。」文章，即黼黻也。故云「桑有衣食人之功」。圣人于人「有天覆地载之德」。天覆象玄，地载象黄，故取桑之上玄下黄而衣食于人者以喻之也。

陆注：《说文》：「包象人怀妊，巳在中。」是「包」固生人之本，故云「包，本也」。言根本坚固，自不能亡。

《说卦》曰「巽为绳」，五互四三为巽，故「如以巽绳系也」。

案：《春官·大宗伯》：「以丧礼哀死亡。」「亡」即「死」也。故云「其亡其亡，近死之嗟也」。《史记·郦生传》注「郦食其读历异几」，是「其」有「几」音，亦有「几」义，故云「其与几同」。《释诂》：「几，近也。」故云「几者，近也」。九居否五，与二正应，故云「下包六二」。二体坤，又互艮。「艮为山」，「坤为地」。地上为田，故云「地上即田也」。五互巽为木，《诗·卫风》：「星言夙驾，于彼桑田。」故云「田上有木，莫过于桑」。「其亡其亡，系于包桑」者，言五与二相包系，得位正应，根深蒂固，若艮山之坚，坤地之厚也。「虽遭危乱，物莫能害」者，所谓「亡者保其存者也」。

郑注：文王囚于羑里之事，详具乾初九注。引之以明处难终免，有合「系于包桑」之义。

上九。倾否，先否后喜。

侯果曰：倾为覆也。否穷则倾矣。倾犹否，故「先否」也。倾毕则通，故「后喜」也。

疏 《中庸》曰「倾者覆之」，故云「倾为覆也。」《月令》曰「五覆五反」，覆，反覆也。否极则泰来，「穷上反下」，故「否穷则倾矣」。方倾之时，其体犹否，故「先否」也。倾毕则反泰而通矣，故「后喜」也。

同人卦第十三 ䷌

【原典】

离下乾上 同人于野，亨。利涉大川，利君子贞。①

初九 同人于门，无咎。②

六二 同人于宗，吝。

九三 伏戎于莽，升其高陵，三岁不兴。③

九四　乘其庸，弗克攻，吉。④

九五　同人先号咷而后笑，大师克相遇。⑤

上九　同人于郊，无悔。⑥

【导读】

同人卦强调团结的重要性。认为和同的范围越广越好。阴柔属于适当而中正的地位，又与阳刚相呼应，反映人与人之间志同道合的和谐关系。

【精注】

①同人卦：离下乾上，象征人事和同，集众之意。野：在古代，以国为中心，国外为郊，郊外为野，此指国之外域。②于门：指王门、宫门。③伏戎于莽：预设伏兵于草莽、树丛之中。伏，埋伏。戎：军队。莽：树丛。升：登上。岁：年。兴：指兴兵征战。④乘其庸：登上城墙，乘，登上即攻占。庸：同『墉』，城墙。弗克攻：不用进攻。克，能。⑤号咷：号啕大哭。大师：强大的军队。克：取胜。⑥悔：困厄。

【今译】

同人卦　象征人事和同。同人卦卦象是下单卦为离，离为火；上单卦为乾，乾为天。两单卦结合为天火同人的卦象。在旷野上族众聚集在一起，光与火聚，人与人同。亨顺利。利于涉越大川巨流，有利君子。

初九　必无灾祸，会聚臣僚及民众于王门，打破门户之见，共谋国家大事，必无灾祸。

六二　君子要结交天下善人志士，不可搞宗派之见，否则不利于君子之风行于天下。

九三　刚健居中，必遭显露，难有胜算。必须在草丛中设下伏兵，登高而远眺。结果强敌不敢近前，三年也没有战争。

九四　虽君子已占优势，但尚不能为此而强用兵，这是识时务的。

九五　和同之中有哭，有笑，有苦，有甘。先悲苦，是因为中正不得伸张，当大家归于一统，又破涕为笑。当大军出征告捷，各路兵马相遇会合，同庆胜利时，天下一统。

上九　但愿天下大同，但是这个目的尚未达到。少数桀骜不驯的人还在离群索居。像这种无求同之志的人，虽非他心甘情愿，但他并不后悔。

【集解】

同人于野，亨。

郑玄曰：『乾为天』，『离为火』。卦体有巽，『巽为风』。天在上，火炎上而从之，是其性同于天也。火得风，然后炎上益炽。是犹人君在上施政策，使天下之人和同而事之。以是为人和同者，君之所为也，故谓之同人。风行无所不遍，遍则会通之德大行，故曰『同人于野，亨』。

疏 上乾为天，下离为火。卦体互巽，『巽为风』。《乾凿度》曰『轻清上为天』，故云『天在上』。《洪范》曰『火曰炎上』，故云『火炎上而从之』。《乾·文言》曰『本乎天者亲上』，故云『是其性同于天也』。『巽为木』，又『为风』。木生火而风扬之，故『炎得风，然后炎上益炽』。《毕命》曰『树之风声』，故云『是犹人君在上施政教』。《说卦》曰『圣人南面而听天下，向明而治』，故云『使天下之人和同而事之』。坤为民，『乾为君』。坤之一阴，入乾成离。是火之就燥，无异民之就君。故云『以是为人和同者，君之所为也』。『本天亲上』，《杂卦》曰『同人，亲也』，『故谓之同人』。『风行无所不遍』者，释『于野』。『遍则会通之德大行』者，释『亨』也。盖同则通，通则亨，故曰『同人于野，亨』。

愚案：同人自乾九二变也。乾二曰『见龙在田』，『田』即『野』也。《象》曰『德施普也』。《文言》曰『天下文明』，天即乾，明即离，『同人于野』之象也。

利涉大川，利君子贞。

崔憬曰：以离文明，而合乾健。九五中正，同人于二。为能『通天下之志』，故能『利涉大川，利君子贞』。

疏 此本《彖传》『文明以健，中正而应，君子正也。唯君子为能通天下之志』，以释之也。

愚案：乾郊为『野』，伏坎为『川』。野者夷涂，川者险道。同『于野』者，是谓大同之象也，故『亨』。『涉大川』者，同舟共济之义也，故『利君子贞』。贞者，二五皆正也。京氏《易传》：『讼降为同人。』盖讼之乾在坎水之下，故『不利涉大川』。同人则乾居上体而下互巽木，又伏坎水，故『利涉大川』。

初九。同人于门，无咎。

虞翻曰：乾为『门』。谓同于四。四变应初，故『无咎』也。

疏 《系辞下》曰『乾坤其《易》之门耶』，故『乾为门』。初应四，故『谓同于四』。正应辩类，故『四变应初』，所以『无咎』也。

六二。同人于宗，吝。

荀爽曰：宗者，众也。三据二阴，『二与四同功』，五相应，初相近。上下众阳皆欲与二为同，故曰『同人于宗』也。阴道贞静，『从一而终』。今宗同之，故『吝』也。

疏 《书·禹贡》：『江汉朝宗于海。』注云『言百川以海为宗』。今『宗』训『众』者，言一阴为众阳所宗主，即『江汉朝宗』之义也。三据二阴，三同二也。『二与四同功』，四同二也。二五应，五同二也。初相近，初同二也。故谓『上下众阳皆欲与二为同』，而云『同人于宗』也。『从一而终』，恒六五《象传》文。阴为妇道，贵于贞静。『从一而终』，即《郊特牲》『壹与之齐，终身不改』之义也。今众阳皆同于二，宜其『吝』也。

愚案：二自坤来，坤为阴宗。二互巽，本体离，离巽皆阴。又二为阴位。虽得中得正，然所同者，特『同人于宗』而已。以卦言，则『同人于野』，其象广，广故『亨』。以爻言，则『同人于宗』，其象狭，狭故『吝』。与履卦言『不咥人』，三爻言『咥人』，其义一也。又许慎《五经异义》曰『《易》曰「同人于宗吝」，言同姓相取吝道』。意谓二与五为阴阳正配，以在同人家为同姓，义亦可通。

九三。伏戎于莽，升其高陵，三岁不兴。

虞翻曰：巽为『伏』，震为『草莽』，离为『戎』。谓四变时，三在坎中，隐伏自藏，故『伏戎于莽』也。巽为『高』，师震为『陵』，以巽股『升其高陵』。爻在三，乾为『岁』。兴，起也。动不失位，故『三岁不兴』也。

疏 《杂卦》曰『兑见而巽伏也』，故『巽为伏』。通师互震。《说卦》曰『震为萑苇』，故『为草莽』。又曰『离为甲胄，为戈兵』，故『为戎』。四不正，变成坎，三在坎中，乃入伏就震，隐而自藏，故有『伏戎于莽』之象也。『巽为高』，《说卦》文。又『震为反生』，虞作『阪生』。阪，陵也。故『师震为陵』。又『巽为股』，是『以巽股升其高陵』也。『乾为天』，周天三百六十五度四分度之一，故『为岁』。爻在三，故为『三岁』。『兴，起也』，《释文》言。『动不失位』，『不』当作『而』。动而失其刚位，所以

『三岁不兴』也。

愚案：三与上应，『伏戎』敌上也，『升陵』望上也。自三至上历三爻，『三岁不兴』，欲上变正应己，庶从同也。

九四。乘其庸，弗克攻，吉。

虞翻曰：巽为『庸』。四在巽上，故『乘其庸』。变而承五，体讼。乾刚在上，故『弗克攻』则『吉』也。

疏 『庸』，王弼本作『墉』。今作『庸』者，从郑本也。《诗·大雅》『以作尔庸』，注云『庸，城也』。《礼·王制》『附庸』，注云『小城也』。是『庸』与『墉』通。『巽为庸』者，『巽为高』，又为『伏』。高而可伏，城庸之象。《释名》：『墉，容也，所以隐蔽形容也。』与『巽称而隐』之义亦符，故知『巽为庸』也。四在巽上，故『乘其庸』者，欲攻初也。四与初皆阳，故敌应。初得位，四无攻初之义。变而承五，其体为讼，师六四曰『不克讼』。且乾刚在上，义不可攻。『弗克攻则吉』者，喜其变正以同初也。

九五。同人先号咷而后笑，大师克相遇。

虞翻曰：应在二，巽为『号咷』，乾为『先』，故『先号咷』。师震在下，故『后笑』。震为『后笑』也。乾为『大』，同人反师，故『大师』。二至五体姤，遇也，故『相遇』。

疏 五应在二，二体互巽，雷风同声，震阳『笑言』，巽阴号咷，故『巽为号咷』。乾阳主倡『为先』，震『后有则』为『后』。又阳声为『笑』，旁通师震在下，『故后笑』。『大哉乾元』，故『乾为大』。与师旁通，故同人反师为『大师』。二至五体姤，《彖传》曰『姤，遇也』，『故相遇』。

案：体互巽在先，故『先号咷』，通师震在后，故『后笑』，旁通则『大师相遇』矣。三与上敌，四欲攻初，是在同人家而异德者也。崔氏所云『九三九四不言同人』是已。故万用师克去二四，则五与二应，故『相遇』也。五遇二，则天下之志通矣。

上九。同人于郊，无悔。

虞翻曰：乾为『郊』。失位无应，与乾上九同义，当有悔。同心之家，故『无悔』。

疏 乾位西北之郊，故为『郊』。以九居上，故『失位』。三敌刚，故『无应』。失位无应，故『与乾上九同义』。乾上曰『亢龙』，故宜『有悔』。变之正，与三应，故在『同心之家无悔』也。

大有卦第十四 ䷍

【原典】

乾下离上 大有①，元亨。

初九 无交害，匪咎，艰则无咎。②

九二 大车以载，有攸往，无咎。

九三 公用亨于天子，小人弗克。③

九四 匪其尪，无咎。

六五 厥孚交如，威如，吉。④

上九 自天右之，吉无不利。

【导读】

本卦与《同人》联系紧密，可相参看。《同人》强调与人和同，《大有》强调与人相交。反映刚健而文明，能顺应天道，按规律办事，使自然和社会呈现和谐景象。

【精注】

①大有卦：乾下离上，象征盛大富有。②无交害：没有相交的侵害。③公用亨于天子：君天子，曰天子。君临天下者便为天子。公侯都得向天子进献贡品。亨：进贡的果品珍玉等。指向天子进献的贡品。弗克：做不到。④厥孚交加：用其诚信智谋结交上下。厥：他的。威如：威严自显。

【今译】

大有卦 象征富有。大有卦卦象是下单卦为乾，为天；上单卦为离，为火。两单卦结合为乾指刚健，离指光明，象征应天命，得人心之卦象。年丰人富，百废待兴，亨通顺利。

初九 与人相处中只求中定而不利害相加，灾祸自然不会找上门来；须知只有在艰辛中审戒疑惧才能免遭灾祸。

九二 委以重任、重托，其寄托之期望如用大车运载财货。满负希望前行，再无疑恙了。

九三 公侯向君王进献贡品，以报知遇之恩。君王也赐给饮食，给以礼遇。而小人是不可能仿效的。

九四　鼓声集众，但君位之人能以柔济刚，尚不会有犯上的事端，但身居君位的人要明辨是非。

六五　胸怀坦荡，诚信施德，恩威并举，天下臣服，威严自显，当可获吉祥。

上九　『天自右之，吉无不利』，佑助从天上降下来，吉祥便无所不至。

【集解】

大有。元亨。

虞翻曰：与比旁通。『柔得尊位大中』，『应天而时行』，故『元亨』也。

姚规曰：互体有兑。兑为泽，位在秋也。乾则施生，泽则流润，离则长茂，秋则成收，大富有也。大有则元亨矣。

郑玄曰：六五体离，处乾之上。犹大臣有圣明之德，代君为政，处其位有其事而理之也。元亨者，又能长群臣以善使，嘉会礼通。若周公摄政，朝诸侯于明堂是也。

疏　虞注：比初动阳为屯，息成大有，故『与比旁通』。成卦之主在五，故引《彖传》文以明之，义详于后。

姚注：三至五互兑，『兑为泽』，《说卦》文。又曰『兑，正秋也』故云『位在秋』。乾阳则主施生，兑泽则主流润，离夏则主长茂，兑秋则主收成，大而富有之象也。唯其『大有』，是以『元亨』。

郑注：五为君位，阴为臣象。六阴，故云『犹大臣』。体离为明，故云『有圣明之德』。离处乾上，故云『代君为政』。六处五位，则当行五之事，故云『处其位有其事而理之也』。『元者，善之长』，故云『长群臣以善使』。『亨者，嘉之会』，故云『嘉会礼通』。《礼·明堂位》曰『武王崩，成王幼弱，周公践天子之位，以治天下。六年，朝诸侯于明堂』，是周公摄政之事也。

初九。无交害，匪咎，艰则无咎。

虞翻曰：『害』谓四，四离火，为恶人，故『无交害』。初动震为『交』，比坤为『害』。匪，非也。艰，难，谓阳动比初成屯。屯，难也。变得位，『艰则无咎』。

疏　初与四为敌应，故『害谓四』。离火在四，『焚如死如』，故『为恶人』。敌应不可交，故无交四而受其害也。通比，『初动震』。震为阳交阴，故『为交』。比体坤，坤阴慝，故『为害』。『匪』、『非』古今字。无应宜咎。

以恶宜远，故非为咎也。《说文》：「艰，土难治也。」故「艰」训「难」。阳动比初则成屯，据消息也。「屯，难也」，《说文》文。四变为「得位」。下应初，屯为难，故「难则无咎」也。

九二。大车以载。有攸往，无咎。

虞翻曰：比坤为「大车」，乾来积上，故「大车以载」。「往」谓之五。二失位，变得正应五，故「有攸往，无咎」矣。

疏 旁通比坤。「坤为大车」，《说卦》文。乾息二至五，故云「乾来积上」。乾积坤上，故为「大车以载」。自内称「往」，二与五应，故「往谓之五」。二失位，宜有咎。变而得正，上应于五，故「有攸往，无咎」。

九三。公用亨于天子，小人弗克。

虞翻曰：「天子」谓五。三，公位也。「小人」谓四。二变得位，体鼎象，故「公用亨于天子」。四折鼎足，「覆公餗」，故小人不克也。

疏 爻例五为天子，故「天子谓五」。三为三公，故谓三为「公位也」。四不得正，故「小人谓四」。二变得正，体有鼎象。《鼎·彖传》曰「大亨以养圣贤」。三，贤人，故曰「公用亨于天子」。《左传·僖公二十五年》：「秦伯师于河上，将纳王。狐偃言于晋侯曰：「求诸侯莫如勤王。」公曰：「筮之。」遇大有之睽。曰：「吉，遇公用亨于天子之卦。天为泽，以当日，天子降心以逆公，不亦可乎？」」五「履信思顺，又以尚贤」。「降心逆公」，谓五亨三也。三应上，上为宗庙，天子享诸侯，必于祖庙也。虞注鼎九四云「四变震为足折入兑，故「鼎折足覆公餗」」，是小人不克当天子之享也。

九四。匪其尪。无咎。

虞翻曰：匪，非也。其位尪，足尪，体行不正。四失位，折震足，故尪。变而得正，故「无咎」。「尪」或为「彭」，作「旁」声，字之误。

疏 「匪」、「非」古今字。鼎四折足，故云「其位尪」。《说文》云：「尪，跛曲胫也。从大，象偏曲之形。」足尪，故「体行不正」。四失位，体兑折震足，故「足尪」也。变而得正，故曰「匪其尪，无咎」。今本作「彭」，《子夏传》作「旁」。干宝云「彭亨，骄盛貌」，姚信云「彭，旁也」，是皆读「彭」为「旁」。「旁」、「尪」声相近，故云「字之误」。

六五。厥孚交如，威如，吉。

虞翻曰：孚，信也。发而孚二，故「交如」。乾称「威」。发得位，故「威如，吉」。

疏 「孚，信也」，《释诂》文。伏坎有孚，故为「孚」。二五失位，二变应五，五发动而孚二，故「交如」也。《国语》曰「天事武」，乾阳刚为武，故「称威」。五变体乾，发而得位，故「威如，吉」也。《吕刑》曰「德威惟畏」，《荀子》曰「有道之威，威本于德」，故吉也。

上九。自天右之。吉无不利。

虞翻曰：谓乾也。右，助也。大有通比，坤为「自」。乾为「天」，兑为「右」，故「自天右之」。比坤为顺，乾为信。「天之所助者顺，人之所助者信，履信思顺，又以尚贤。故自天右之，吉无不利」。

王弼曰：余爻皆乘刚。己独乘柔，顺也。五为信德而己履焉，履信者也。居丰富之代，物不累心也，高尚其志，尚贤者也。爻有三德，尽夫助道，故《系辞》具焉也。

疏 虞注：坤五之乾，故「谓乾也」。「右，助也」，本《系辞上》文。大有通比，坤身为「自」。体乾为「天」。「兑为右」者，虞《系辞》注云「兑为口，口助为右」。《说文》「右，手口相助」，故「口助为右」。又兑西方，亦为右，故「自天右之」。「坤，顺也」，故「比坤为顺」。乾行至信，故「乾为信」。「天之所助」以下，《系辞上》说此爻也。「贤」谓三。天道信，人助道顺。虞注云「比坎为思」，「履信」为坤履乾，「思顺」谓乾比坤。又云「乾为贤人，坤在乾下，故又以尚贤」。居大有之上而具是三德，宜为天之所右，吉而且利也。

王注：自五以下皆乘刚，上独乘柔，柔者，顺也。五下孚二为信，而上履焉，是「履信者也」。「居丰富之代」者，谓大有之世。「物不累心」者，谓居五位之地，不以富有累心。「高尚其志」者，「尚」与「上」通，谓上九也。《蛊上九曰「高尚其事」，《象》曰「志可则也」，郑彼注云「君犹高尚其所为之事」。是高尚贤人之志，为「尚贤」也。「爻有三德」者，「履信」一也，「思顺」二也，「尚贤」三也。「尽夫助道」，则天无不右，故《系辞》具言三德也。

谦卦第十五 ䷎

【原典】

艮下坤上 谦①，亨，君子有终。

初六 谦谦君子，用涉大川，吉。

六二 鸣谦，贞吉。②

九三 劳谦，君子有终，吉。③

六四 无不利，㧑谦。④

六五 不富以其邻，利用侵伐，无不利。⑤

上六 鸣谦，利用行师，征邑国。⑥

【导读】

本卦主要赞颂『谦』德。认为『谦』是一种高尚品德，德行很高的人，不刻意张扬自己，就是谦虚的表现。在生活中做到『谦』，处世将无往而不利。

【精注】

①谦卦：艮下坤上，象征敬恭谦虚。亨：指谦虚地待人接物，君子谦而有终，必致亨通。②鸣谦：谦虚之名传扬在外。③劳谦：天道酬勤，有功而能谦虚。④㧑谦：发挥谦虚之美德。⑤利用侵伐：宜用讨伐。⑥行师：兴兵征伐。

【今译】

谦卦 象征谦谨。谦卦的卦象下单卦是艮，艮为山，为止；上单卦为坤，坤为地，为顺。内止知道抑止，乃谦也。只要谦虚地待人接物，做事必然亨通；然而只有君子才能有始也有终，虚心而识时务。

初六 凡君子都是谦而又谦，君子凭着这种谦虚的美德陶冶自己的修养，才可以涉越大江大川，并获吉祥。

六二 柔顺中正是谦虚的美德，真正做到坦诚而光明磊落，不形之于外，就能深得众人的共识、共鸣，必获吉祥。

九三 能够始终辛劳而不夸耀，功而不骄，并匡济众人。君子能保守这种美德，必获吉祥。

六四 只要持守发挥谦虚的美德，处人行事便无往不利。

六五　本身虽不富有，但能以德服人，这样自然会得到友邻的拥戴。即使为了征讨侵伐之敌，不得已使用了武力，也让人折服。

上六　传扬谦虚的美名，兴兵征伐，抵御来犯之敌，都是为了显示其德，力量和德分不开。而没有功劳，又如何能显谦，就是这个道理。

【集解】

谦。亨。

虞翻曰：乾上九来之三，与履旁通。天道下济，故『亨』。彭城蔡景君说：剥上来之三。

疏　『乾上九来之三』者，乾尽坤中，上来反三也。乾上亢极失位，天道盈而不溢，亏之谦三，致恭存位，故名为『谦』。三之初为复，息复，故『与履旁通』。『天道下济』者，乾为『天道』。上之三，故『下济』。以乾通坤，故亨。蔡景君说『剥上来之三』，剥上即乾上，义亦同也。不见乾元之正，且虞无一阳五阴之例，故不用也。

君子有终。

虞翻曰：『君子』谓三，艮『终万物』，故『君子有终』。

郑玄曰：『艮为山』，『坤为地』。山体高，今在地下。其于人道，高能下下，谦之象。亨者，嘉会之礼，以谦而为主。谦者，自贬损以下人。唯艮之坚固，坤之厚顺，乃能终之。故君子之人有终也。

疏　虞注：乾三称『君子』，艮三自乾来，故『君子谓三』。《说卦》曰：『终万物始万物者，莫盛乎艮。』三体艮，故『终万物』。三秉『劳谦』，终当升五为『有终』。故『君子有终』，三独当之也。

郑注：『艮为山』，『坤为地』，《说卦》文。山体本高，今在地下。其于人道，是能下下而有谦退之象者也。《乾·文言》曰『亨者，嘉之会』，又曰『嘉会足以合礼』，故云『亨者，嘉会之礼』。《史记·乐书》：『君子以谦退为礼。』故礼以谦退为主。『谦者，自贬损以下人』，合于『嘉会之礼』，故亨。『艮终万物』，以其坚固。『坤无成而代有终』，以其厚顺。君子之人，体艮坤之德，故有终也。

初六。谦谦君子。用涉大川，吉。

荀爽曰：初最在下为『谦』，二阴承阳亦为『谦』，故曰『谦谦』也。二阴一阳相与成体，故曰『君子』也。

九三体坎，故『用涉大川吉』也。

疏　乾上之三为谦，初爻最在下位则益谦。以二阴承乎三阳之谦，是谦而又谦也，故曰『谦谦』。以二阴承乎一阳，其体为艮，是君子之徒也。故曰『君子』。三体坎，『坎为水』，故『用涉大川吉』。

愚案：卦辞、《象辞》皆言『君子』，谓九三也。以三为谦主也。初六称『君子』者，三自上来，在上之君子，『尊而光』者也。初居艮下，在下之君子，『卑而不可逾』者也。四互震木为舟，坎水为『川』，又坤致役为『用』。初变之四，应正，故『用涉大川吉也』。

六二。鸣谦。贞吉。

姚信曰：三体震，为『善鸣』，二亲承之，故曰『鸣谦』。得正处中，故『贞吉』。

疏　《说卦》曰『震为善鸣』。《夏小正》曰『雉震呴』，《传》曰『震也者，鸣也。呴也者，鼓其翼也』。《洪范·五行论》：『正月雷微动而雉呴。』故『三体互震为善鸣』也。二亲承震故曰『鸣谦』，上六『鸣谦』，亦以亲乘震也。六为『得正』，二为『处中』。正故『贞』，中故『吉』也。

九三。劳谦。君子有终，吉。

荀爽曰：体坎为劳，终下二阴，『君子有终』，故吉也。

疏　三体在坎，《说卦》曰『劳乎坎』，故『坎为劳』，而曰『劳谦』。艮为『终』，以一阳终下二阴也。《彖辞》：『君子有终。』谓九三也，故三曰『君子有终』。坎正北，艮东北。『劳乎坎』，即『成乎艮』。劳则有终，故吉也。

六四。无不利。撝谦。

荀爽曰：四得位处正，家性为谦，故『无不利』。阴欲㧑三，使上居五，故曰『㧑谦』。㧑犹举也。

疏　《太玄》八十一家，各有刚柔之性，故称『家性』。六十四卦亦然。以六居四，故『得位处正』。而在谦家，『家性为谦』，故『无不利』也。众阴皆欲三居五而㧑之者，四乘艮为手，故曰『㧑谦』。㧑以手举，亦从手，故云『㧑，举也。』

六五。不富以其邻。

荀爽曰：『邻』谓四与上也。自四以上乘阳，乘阳失实，故皆『不富』。五居中有体，故总言之。

疏 四上皆近于五，故邻谓四与上也。自四以上皆乘三阳，故云『乘阳』，犹初言『二阴承阳』之意也。《泰·六四·象》曰『翩翩不富，皆失实也』，故知『不富』为『失实』。三爻皆乘阳而独言于五，以五『居中有体』故也。

愚案：坤为富有，互震伏兑为『邻』。五居坤中，虽云富有，不以富耀其邻，富而能谦者也。与泰四同义。

利用侵伐，无不利。

荀爽曰：谓阳利侵伐，来上无敢不利之者。

疏 二至上体师，故五言『侵伐』，上言『行师』。坤为『用』，故曰『利用』。五虚无君，三来侵伐坤之邑国，众阴同志承阳，故『无敢不利之者』。

愚案：五为卦主，当谦之世，以柔居尊，虑过宽也，故六五独不言谦。体师五『利执言』，故『利用侵伐』。然以谦行师，德威并用，故『无不利』。又《夏官·大司马》：『贼害贤良则伐之，负固下服则侵之。』《左传·庄公二十九年》『凡师有钟鼓曰伐，无曰侵』。互震鸣钟鼓，又体艮止不鸣，故兼言『侵伐』。

上六。鸣谦。利用行师，征邑国。

虞翻曰：应在震，故曰『鸣谦』。体师象，震为『行』，坤为『邑国』。利五之正，已得从征，故『利用行师，征邑国』。

疏 上与三应，三互震为『善鸣』，故曰『鸣谦』。体有师象，应震又为『行』。坤为土，又『为众』，故为『邑国』。五变正『利用侵伐』，则已得从征，『利用行师，征邑国』也。

豫卦第十六 ䷏

【原典】

坤下震上 豫[1]，利建侯行师。[2]

初六 鸣豫，凶。[3]

六二 介于石，不终日，贞吉。[4]

六三　盱豫，悔。迟有悔。⑤

九四　由豫，大有得。勿疑，朋盍戠。⑥

六五　贞疾，恒不死。

上六　冥豫，成有渝，无咎。⑦

【导读】

豫卦认为对『豫』应持谨慎态度。若所处的环境安逸舒适，人们应避免『鸣豫』『盱豫』『冥豫』，做到既享受安乐，又头脑清醒，利用好的环境，更好地有所作为。否则，将会带来祸害。

【精注】

①豫卦：坤下震上，象征和悦。②建侯：授爵封侯。行师：兴兵征伐。③鸣豫：喜逸豫好欢乐而扬名于外。④介于石：比磐石还坚贞。介，中正坚定。于，比。不终日：不待终日。⑤盱：张目，形容媚上之相。迟：迟疑缓慢。⑥由：从，借助，依赖。盍戠：会集朋友。⑦冥：日暮。这里引申为昏乱、盲目。渝：改变。

【今译】

豫卦　象征欢悦。豫卦的卦象是下单卦为坤，坤为地，为顺；上单卦为震，震为动，为雷。二单卦结合，说明雷发于地。以人事比拟，乐于追随则行动。从而建立授爵封侯的基业，利于兴兵讨伐有罪之师。

初六　凡事不可自鸣得意，夸夸其谈。骄矜而狂妄，凶险将会到来。

六二　持守正固，像磐石一样坚而稳妥，该早晨干的，绝不晚上再去做。你这样一丝不苟，自然吉祥。占问定获吉祥。

六三　一味阿谀奉承，自然得到青睐，但必须悔改，如果一再迟疑，终会陷入万劫不复境地。

九四　众人凭依他而得到欢乐，将大有作为，君子坦诚不疑，贤者不期而至，不会忧虑没有好友。

六五　占问疫病的吉凶，筮得此爻幽忧致疾，人气已微，困穷一生。故必须坚守中正，才能化凶为吉。

上六　沉迷作乐，其势已危，自苦终身，如果能及早改正，就不会有灾祸。

【集解】豫。利建侯行师。

郑玄曰：「坤，顺也」。「震，动也」。顺其性而动者，莫不得其所，故谓之「豫」。豫，喜佚说乐之貌也。震又「为雷」，诸侯之象。坤又「为众」，师役之象。故「利建侯行师」矣。

虞翻曰：复初之四，与小畜旁通。坤为邦国，震为诸侯。初至五体「比」象，四利「复」初，故「利建侯」。三至上体师象，故「行师」。

疏 郑注：「坤，顺也」，「震，动也」，《说卦》文。凡物顺其性而动者，莫不乐得其所，故谓之「豫」也。《晋语》司空季子解此经曰「豫，乐也」，故《太玄》准之以《乐》，故云「豫，喜佚悦乐之貌也」。「震为雷」，《说卦》文。震「长子主器」，故有「诸侯之象」。「坤为众」，《说卦》文。「师者，众也」，故有「师役之象」。震，故「利建侯」，与屯初体震同。坤，故「利行师」，与师外体坤同也。

虞注：复初，乾元也。坤尽夬上而入乾，乾元索坤之四为豫，故云「复初之四」也。豫四之坤初为复，息成小畜，故「与小畜交通」。坤土，故「为邦国」。震主器，故「为诸侯」。「初至五体比象」，比「建万国，亲诸侯」。二利四复初，初刚善建不拔，故「利建侯」。三至上师体半见，故体师象。又震足为「行」，故「利行师」。

案：卦之取义于豫者，有三焉。《汉书·五行志》曰「雷以二月出，其卦曰豫」。言万物随雷出地，皆逸豫，一也。取象制乐。乐者，乐也，荐之神祇，祖考，与天地同，二也。震上坤下，母老子强，居乐出威，三也。

初六。鸣豫，凶。

虞翻曰：应震善鸣，失位，故「鸣豫，凶」也。

疏 初应四。四体震为「善鸣」，说见谦二。应震，故「鸣豫」。初阴失位，虽有正应亦凶也。「鸣谦」则有自下之情，故「吉」。「鸣豫」则有自矜之意，故「凶」。

六二。介于石。

虞翻曰：介，纤也。与四为艮，艮为「石」，故「介于石」。

疏　《系辞上》曰「忧悔吝者存乎介」，谓纤介也，故云「介，纤也」。与四互艮，《说卦》曰「艮为小石」，故曰「介于石」。《系辞下》以豫二「知几」，虞彼注云「知四当复初」，则此「介」谓「几」之纤微，如小石也。

不终日，贞吉。

虞翻曰：与小畜通，应在五，终变成离，「离为日」。得位，欲四急复初，已得休之，故「不终日，贞吉」。

疏　与小畜旁通，上应在五，息小畜至五，则四成离，故云「终变成离」。「离为日」，故曰「日」。二阴为「得位」。唯「知几」，知欲四下于初，以成复象。复六二曰「休复吉」，故「已得休之」。离伏不见，故「不终日」。二得正，故「贞吉」也。「欲四复初」，是《系辞下》所云「上交不谄」也。「已得休之」，是「下交不渎」也。二五无应，四为卦主，故发其几于此爻也。

愚案：初六应四，「鸣豫凶」，不知几而过于豫者也。「二与四同功」，又同互艮，艮为小石而二居艮初，「其初难知」，故纤介如小石。二得中得位之乾成离，离明，故知「几」。知几，故知乐不可极，而望四复初以免穷凶之悔也。二本离爻，故为「日」。未成离，故「不终日」。言知几之早，以正而得吉也。

六三。盱，豫悔，迟有悔。

王弼曰：履非其位，承动豫之主。若其睢盱而豫，悔亦至焉。迟而不从，豫之所疾。进退离悔，位不当也。

向秀曰：睢盱，小人喜说佞媚之貌也。

疏　王注：以柔居刚，故「履非其位」。上承震动，为豫之主。若以睢盱而求豫，悔所由生也。若迟而不从于豫，亦豫之所疾也。位既不正，而又多犹豫，宜其进退，皆离悔也。

向注：《说文》：「盱，张目也。」睢，仰目。应在上，三张目仰视。视上之颜色为佞媚，故为「小人喜悦佞媚之貌」，所谓「上交谄」也。三不正，故有是象。变之正，则无悔。下经所云「成有渝，无咎」是也。伏巽「为进退，为不果」，故为「迟」。爻之失位，以速改为善，故二「不终日，贞吉」，三「迟则有悔」也。

九四。由豫，大有得。勿疑，朋盍簪。

侯果曰：为豫之主，众阴所宗。莫不由之，以得其豫。体刚心直，志不怀疑。故得群物依归，朋从大合，若以簪篸之固括也。

虞翻曰：由，自从也。据有五阴，坤以众顺，故『大有得』，得群阴也。坎为『疑』，故『勿疑』。小畜兑为『朋』。盍，合也。坤为『盍』。戠，聚会也。坎为聚，坤为众。众阴并应，故『朋盍戠』。『戠』，旧读作『揲』，作『宗』也。

疏　侯注：豫之成卦，在乎一阳，故『四为豫主而众阴所宗』。故莫不由之，以得其逸。阳体刚。坎为心，刚在坎中，乾动直，故『心直』。坎为心，故为志，为疑。刚直，故『志不怀疑』。四不疑众，众亦不疑四，故『得群物依归，朋从大合』也。簪，《说文》作煠，言『笄也。象簪形』。《释名》：『簪，兟也，连冠于发也。』《士丧礼》：『簪裳于衣。』郑注云『簪，连也』，即连发之义也。篸，簪去声，《篇海》云『以针簪物也』。言一阳篸五阴，若以簪篸发，使之固也。

虞注：《释诂》：『由，自也。』故云『由，自从也』。卦以一阳居五阴之间，故云『据有五阴』。坤为众，为顺，故云『坤以众顺』。阳称『大』，得群阴，故『大有得』。且离乾合而为大有。豫通小畜，四在小畜，亦离乾之合，两象易也。故曰『由豫，大有得』。坎为心，失位故『疑』。刚而得众，故『勿疑』。小畜有兑，兑『以朋友讲习』，故『为朋』。『盍，合也』，《释诂》文。『盍』与『阖』同。『阖户谓之坤』，故『坤为盍』。坤盍，故云『戠，聚会也』。《释文》作『蘽合』，是以坎为蘽棘也。坤广为众。众阴并应于一阳，且坤曰『得朋』，故曰『朋盍戠』。『戠』同『埴』。《说文》：『埴，黏土也。』《集韵》亦训『戠为黏土』。郑本《禹贡》曰『厥土赤戠坟』，今本作『赤埴』。《考工记》：『用土为瓦，谓抟埴之工。』抟埴，以水合土之义也。坤为土，坎为水。一阳倡而众阴应，若水土之相黏著，故云『朋盍戠』。『戠』，京房作『揲』，荀爽作『宗』，又王肃作『贷』，马融作『臧』，或作『宣』。今王弼本作『簪』，侯氏训为固冠之簪。但古有笄而无簪，至秦汉始有之，虞作『戠』是也。

六五。贞疾，恒不死。

虞翻曰：恒，常也。坎为『疾』。应在坤，坤为『死』。『震为反生』。位在震中，与坤体绝，故『贞疾，恒不死』也。

疏　『恒，常也』，《释诂》文。『坎为心病』，故『为疾』。下应在坤，月灭于坤乙，为既死魄，故『坤为死』。『震为反生』，《说卦》文。五体震位，在震而得中。与下坤二无正应，且隔四，不能互坤，故『与坤体绝』。月生于三日震为哉生明，又东方春生于左，故『贞疾，恒不死』也。且震巽合而为恒。五体震，变正互巽，亦震巽之合而体之象恒，故『贞疾，恒不死』。五位不正，是死于安乐者也。变之正，虽疾恒不死，是生于忧患者也。

上六。冥豫，成有渝，无咎。

虞翻曰：应在三，坤为『冥』。渝，变也。三失位，无应，多凶，变乃得正，体艮成，故『成有渝，无咎』。

疏 应在三，三体坤。《释言》：『冥，晦也。』月灭于坤三十日，故为晦也。《说文》：『冥，从日从六，冖声。日数十，十六日而月始亏，幽也。』纳甲之义，退辛消艮入坤，故坤晦为『冥』。上应在三，冥豫极乐，是『下交渎』也。『渝，变也』，《释言》文。三失位无正应，故『多凶』。《系辞下》曰『三多凶』是也。变之正，下体成艮，艮物所成终而成始，故云『体艮成』也。艮体成以善变也，故曰『成有渝』。上得位，三变正有应，是『上交不谄，下交不渎』也，故『无咎』。

愚案：初应震，震为『鸣』，故『鸣豫』。上应坤，坤为『冥』，故『冥豫』。豫未来而先鸣其豫，是豫之始而其志已满矣，故『志穷』则致『凶』。豫已极而犹冥于豫，是豫之终而一成不变矣，故『有渝』则『无咎』。

随卦第十七 ䷐

【原典】

震下兑上 随①，元亨利贞，无咎。

初九 官有渝，贞吉。出门交有功。②

六二 系小子，失丈夫。③

六三 系丈夫，失小子。随有求得，利居贞。④

九四 随有获，贞凶。有孚在道，以明何咎⑤？

九五 孚于嘉，吉。⑥

上六 拘系之，乃从维之。王用亨于西山。⑦

【导读】

『随』，是有原则的，要随上而不随下。六二随初九是随下，被看做『系小子，失丈夫』，表明随下不可取。

六三随九四，是随上，被看做『系丈夫，失小子』，故曰『随有求得』，表明随上的做法可取。《易》虽推崇『随』，但不主张盲目跟风。若随到极点，最后就是盲从，结果必然会被人利用，而成为他们的工具或牺牲品。

【精注】

①随卦：震下兑上，象征追随。②官：通『馆』，馆舍，做官人的居所。渝，改变的意思。交：与人交往。③系小子：倾心依从小人。系，系属，引申为倾心依从。④随有求：追随别人有求于他。居：居处。⑤有孚在道：有诚信之心而持守正道。以明：以光明正大立身。⑥孚于嘉：施诚信给美善者。嘉，指嘉会。祭祀的时候，献上玉佩玉器以示恭敬、诚信。⑦拘系：囚禁。从维：释放。从，即『纵』。亨：祭享。亨，通『享』。

【今译】

随卦　象征随从。随卦卦象是下单卦为震，震为动；上单卦为兑，兑为泽，为悦。两单卦结合，受之以随，随心而动。亨通，利卦，没有灾难。

初九　当出任的官位有了变动，自己应做到兢兢业业，宠辱不惊，这才能保住吉祥。出门交朋友定能成功。朋友是财富。

六二　一心依附留恋小人，就会失掉刚直的正人，不要贪小而失大。

六三　依附刚直的正人，摆脱柔顺的小人，可以得利，有利必有得，但动机必须纯正。

九四　你得到的不是你该获得的，会有凶险，一个人要走道义之门，持守正道，光明正大，这样灾难才不会降临。

九五　将诚信献给美善之人，可获吉祥。

上六　不以精诚感化，只以拘禁，强求其跟随，岂能教人感悦？此非正道，要以王之风范巩固江山。

【集解】

随。元亨利贞。无咎。

虞翻曰：否上之初，『刚来不柔』，初上得正，故『元亨利贞，无咎』。

郑玄曰：『震，动也』，『兑，说也』。内动之以德，外说之以言，则天下之人，咸慕其行，而随从之，故谓之『随』也。既见随从，能长之以善，通其嘉礼，和之以义，干之以正，则功成而有福。若无此四德，则有凶咎焉。焦赣曰『汉高帝与项籍，其明征也」。

疏 虞注：从三阴三阳之例，随自否来，故云『否上之初』也。『刚来下柔』，释详《彖传》。否上之初，乾元复正，故『元亨』。初上既正，天行消息，三四易位，终成既济，故『利贞』。阳降阴升，非益之道，嫌于有咎，以否成随，故『无咎』也。

郑注：『震，动也』，『兑，说也』，《说卦》文。德在内，震初龙德，又在内卦，故『内动之以德』。言在外，兑口舌，为言，又在外卦，故『外说之以言』。言而民莫不信，行而民莫不说，故『天下之民，咸慕其行而随从，谓之随也』。既见随从，则长之以善而为『元』，通其嘉礼而为『亨』，和之以义而为『利』，干之以正而为『贞』。功成有福，故『无咎』也。若无此四德，人即随从，凶咎难免矣。《左传·襄公九年》：『穆姜筮得艮之随，姜曰：「《周易》曰：随元亨利贞，无咎。有是四德者，随而无咎。我皆无之，岂随也哉。我则取恶，能无咎乎。」』郑氏之义，盖本此也。焦延寿字赣汉人，即京房所从受学者也。著有《焦氏易林》十六卷，今存。又有《易林变占》十六卷，今佚。兹所引焦氏云云，当《变占》中语也。史称汉高祖宽仁爱人，常有大度，顺民而定天下，规模宏远。又谓项羽自矜功伐，奋其私智，欲以力征，卒亡其国。一众随而有是四德则兴，一众随而无是四德则亡，故云『汉高祖与项籍，其明征也』。

初九。官有渝，贞吉。出门交有功。

《九家易》曰：渝，变也。谓阳来居初，得正为震，震为子，得土之位，故曰『官』也。阴阳出门，相与交通。阴往之上，亦不失正，故曰『贞吉』而『交有功』。

疏 『渝，变也』，《释言》文。否上刚来居初得正，其体为震。官，官鬼也。《参同契》曰『水以土为鬼，土镇水不起』。京房谓世应官鬼福德之说，皆始于文王，《火珠林》亦云。故谓『为震子，得土之位，故曰官也』。卦自否来，震初纳庚子水，得坤纳乙未土之位。水以土为官，以震变坤，故曰『官有渝』也。『帝出震』为『出』。艮为门阙，二互四成艮，故为『门』。初震与四艮相应为『出门』。初上易位，是坤初出交于乾，故云『阴阳出门，相与交通』也。阴往之上，上来居初，皆不失正，故曰『贞吉』。《系辞下》曰『五多功』，凡言『功』者皆指五。初之上，上得位而系五，故『交有功』也。

六二。系小子，失丈夫。

虞翻曰：应在巽，巽为绳，故称「系」。「小子」谓五。兑为少，故曰「小子」。「丈夫」谓四。体大过「老夫」，故称「丈夫」。承四隔三，故「失丈夫」。三至上有大过象，故与「老妇」、「士夫」同义。体咸象，夫死大过，故每有欲嫁之义也。

疏　四互巽，初与四应，故「应在巽」。「巽为绳直」，「故称系」。「小子谓五」者，「兑为少，故称小子」。「丈夫谓四」者，三至上体大过。大过九二云「老夫得其女妻」，虞彼注云「乾老故称老夫」。「丈夫」犹「老夫」。随四体大过九二，为「老夫」。三体大过初六，为老妇，五则大过之「士夫」，故为「小子」。二欲承四，见隔于三，故「失丈夫」。随与大过同体，「故与老妇士夫同义」也。二至上体咸象，咸「取女」，二三女也。「夫死大过」者，《系辞下》「棺椁之象取诸大过」，故为「死」。「老夫」故「夫死」。咸女夫死，故欲嫁也。

案：虞注六三「失初小子」，是「小子」谓初也。释见后。虞谓随家阴随阳，盖二系初、三系四、上系五也。卦名为「随」，亦取阴随阳也。

六三。系丈夫，失小子。随有求得，利居贞。

虞翻曰：随家阴随阳。三之上无应。上系于四，失初小子，故「系丈夫，失小子」。艮为居，为求，谓求之正。得位远应，利上承四，故「利居贞」矣。

疏　在随之家，皆阴随阳。三与上皆阴，故「无应」。三与四为巽，故「上系于四」。初亦为「小子」者，对四乾为「老夫」，震长男，「复小而辨于物」，以一阳初生为小，故称「小子」也。承四故系四，与初无应，故「失小子」也。「艮为门阙」，又为止，故「为居」。艮兑「同气相求」，故「为求」，谓求变之正。三得位而远应于上，四亦变正成既济，故「利上承四」。三四皆正，故「利居贞」矣。

九四。随有获，贞凶。有孚在道，以明何咎。

虞翻曰：谓获三也。失位相据，在大过死象，故「贞凶」。《象》曰「其义凶也」。「孚」谓五，初震为「道」。三已之正，四变应初，得位在离，故「有孚在道，以明何咎」，《象》曰「明功也」。

疏 获，得也。四乘三，三系四，故「获三也」。三四失位，彼此相据，体大过为棺椁。三四在大过中，有死象焉，是「贞凶」之义也。《五》曰「孚于嘉」，故「孚谓五」。初「震为大途」，故「为道」。三「利居贞」，是已变之正。四变正与初应，得位，故「有孚在道」。变离为「明」，故「以明何咎」。五为卦主，故归功于五也。

愚案：三四两爻不正，故独两爻言「随」，且言「贞」。三阴随物，是得四也。四阳随阴，是获三也。三往四则居贞，「四多惧」故利。四来居三亦居贞，「三多凶」，故凶。然三四易位，六爻皆正，成既济定。坎为「孚」，离为「明」。四得正孚初，故曰「有孚在道」。虽凶得正，故曰「以明何咎」。

九五。孚于嘉，吉。

虞翻曰：坎为「孚」，阳称「嘉」，位五正，故吉也。

疏 三四变正体坎，三至上亦体坎，坎「有孚」，故「为孚」。《乾·文言》：「亨者，嘉之会。」故「阳称嘉」。嘉，嘉礼也。《春官·大宗伯》：「以嘉礼亲万民，以昏冠之礼亲成男女，随时，有系于阳，合于嘉礼。」故云「孚于嘉」。五位得正，故「吉」也。

上六。拘系之，乃从维之。

虞翻曰：应在艮，艮手为「拘」。巽为绳，两「系」称「维」。故「拘系之，乃从维之」。在随之上而无所随，故「维之」。《象》曰「上穷」，是其义也。

疏 下应在艮，「艮为手」，故「为拘」。又应巽，巽为绳，故为「系」。三未正，故「无所随」。与三共系于五，故「两系称维」也。在随之上，穷而无所随矣，故从而维五也。《乾凿度》说此爻曰「上六用待九五，拘系之，维持之，明被阳化而阴欲持之也」。

王用亨于西山。

虞翻曰：否乾为「王」，谓五也。有观象，故「亨」。兑为「西」，「艮为山」，故「用亨于西山」也。

疏 否乾「为君」，故「为王」。五为天子，故「谓五也」。否初至五体观，随二至上亦体观。观卦辞曰「观，盥而不荐」，祭享之象。故言「用亨」。「亨」读如「享」也。体兑为「西」，互「艮为山」，故为「西山」。《乾凿度》曰「崇至德，显中和之美」。当此之时，仁恩所加，靡不随从，咸说其德，得用王之道，故言「王用享于西山』也。

蛊卦第十八 ䷑

【原典】

巽下艮上 蛊①，元亨，利涉大川。先甲三日，后甲三日。②

初六 干父之蛊，有子考无咎，厉，终吉。③

九二 干母之蛊，不可贞。④

九三 干父之蛊，小有悔，无大咎。

六四 裕父之蛊，往见吝。⑤

六五 干父之蛊，用誉。⑥

上九 不事王侯，高尚其事。⑦

【导读】

蛊卦既讲事物积弊不通，又强调对事物积弊不通的治理。《易》赞颂『干父之蛊』，即儿子纠正父辈犯下的错误。干父之蛊者，或『终吉』，或『无大咎』，或『用誉』，均无不祥。认为『不事王侯』是『高尚』的事。

【精注】

①蛊卦：巽下艮上，象征积弊日久，必须救弊治乱。『蛊』字本义为腹中之虫，这里引申为蛊惑。②先甲三日，后甲三日：甲子从十天开始。十天干是甲、乙、丙、丁、戊、己、庚、辛、壬、癸，一个月三个十天，一旬正好十天。如果将十天排列成一圆，那么甲的前面就是癸、壬、辛，即先甲三日。后甲三日就是乙、丙、丁。③干父之蛊：儿子匡正父亲之弊乱。④贞：正，引申为干涉。儿子不能干涉母亲的闺房之事。所以说：『不可贞』。⑤裕：指纵容、宽缓。⑥用：以，因。誉：称誉。⑦高尚其事：其事，指专心治家。高尚，以专心治家为高尚之事。

【今译】

蛊卦 象征积弊日久，拯弊治乱，蛊卦卦象是下单卦为巽，为风；上单卦为艮，为山。两单卦结合风行山上，打旋而邪。盛极而衰，凡事必须防患于未然，才有利于涉越大江大川，用甲前三日甲后三日比喻天时之运转，时事之变化，最后天下大治，长治而久安。

初六　力挽父辈或前任的过失，儿子重整父亲或前任的事业，而不把错误都归咎于他们，不抹杀他们的功劳，即使有些艰难，也会避开灾祸，最终会获得吉祥。

九二　匡正母辈的过失，治理家事，只可用适当的办法，否则于事无补。

九三　改正父辈的过失，儿子尽管过于强势，为父辈的败绩而焦躁，但仍不失顺承之道，便没有巨大灾难。

六四　姑息纵容父辈犯下的过错，时间太长，定遭遣辱。

六五　匡正父辈的败绩，重整家业，再建雄风，这能为人带来名誉。

上九　逸民不乐，在为朝廷效命，而专心治家，可以效尤。

【集解】

蛊。元亨。

虞翻曰：泰初之上，与随旁通。刚上柔下，乾坤交，故『元亨』也。

伏曼容曰：蛊，惑乱也。万事从惑而起，故以蛊为事也。

案：《尚书大传》云『乃命五史，以书五帝之蛊事』。然为训者，正以太古之时，无为无事也。今言蛊者，是卦之惑乱也。时既渐浇，物情惑乱，故事业因之而起惑矣。故《左传》云『女惑男，风落山，谓之蛊』，是其义也。

疏　虞注：从三阳三阴之例，蛊自泰来，故云『泰初之上』。与随反对，故云『旁通』。初之上是『刚上』，上之初是『柔下』。乾初为始，交坤为通，故『乾坤交』，为『元亨也』。

伏注：《左传·昭公元年》：『赵孟曰「何谓蛊？」对曰「淫溺惑乱之所生也。」』故云『蛊惑乱也』。蛊非事，『万事从蛊惑而起，故以蛊为事也』。《尚书大传》，汉伏生作。『乃命五史，书五帝之蛊事』者，《杂卦传》曰『蛊则饬也』，言书五帝之饬事。盖太古之时，结绳而治，无为无事，不可以惑乱训蛊也。今卦言蛊者，义取惑乱。以时既浇薄，物情惑乱，将欲整饬纪纲，则事业因之以起。《左传》曰『于文，皿虫为蛊』。坤器为皿，之初成巽，巽为风。《说文》曰『风，风动虫生』，故风为蛊卦。二五不正，初上失位，以巽女而惑艮男，以巽风而落艮果，故《左传》曰『女惑男，风落山，谓之蛊」，皆同物也。

利涉大川。

虞翻曰：谓二失位，动而之坎，故『利涉大川』也。

疏 二失位当之五，动则互坎，坎为大川，得正，故『利涉大川』。不言五失位者，二上易五得正，故爻言『干父用誉』。

先甲三日。后甲三日。

《子夏传》云：『先甲三日』者，辛、壬、癸也。『后甲三日』者，乙、丙、丁也。

马融曰：甲在东方。艮在东北，故云『先甲』。巽在东南，故云『后甲』。所以十日之中，唯称『甲』者，甲为十日之首，蛊为造事之端，故举初而明事始也。言所以『三日』者，不令而诛谓之暴，故令先后各三日，欲使百姓遍习，行而不犯也。

疏 《子夏传》：此统甲之先后三日言也。以纳甲言之，『甲』谓乾也。乾纳甲，泰内卦本乾，故言『先甲』，『后甲』。『先甲三日』，辛也。巽纳辛，坤上之初成巽，在乾之先，故『先甲三日』也。郑氏谓『取改过自新，故用辛』是也。『后甲三日』，丁也。兑纳丁，四体兑，在乾之后，故『后甲三日』也。郑氏谓『取丁宁之义，故用丁』是也。

马注：艮巽合而互震，震，东方之卦也。震为木，甲，东方木神。故云『甲在东方』。艮，东北之卦也，故云『先甲』。巽，东南之卦也，故云『后甲』。甲为干首，郑氏所谓『造作新令之日』是也。事不生于无事，而生于有事，故『蛊为造事之端』。事欲慎终于始，『故举初以明事始』。《论语》曰『不戒视成谓之暴』，即『不令而诛』之谓也。惟于事之未行，先三日而告之。事之既行，后三日而戒之。庶『百姓遍习，行而不犯也』。

初六。干父之蛊，有子考无咎，厉，终吉。

虞翻曰：干，正；蛊，事也。泰乾为『父』，坤为事，故『干父之蛊』。初上易位，艮为『子』，父死大过称『考』，故『有子考』。变而得正，故『无咎厉终吉』也。

案：位阳令首，父之事也。爻阴柔顺，子之质也。

疏 虞注：薛君《韩诗章句》曰『干，正也』。《诗诂》云『木正出者为干』，《乾·文言》曰『贞者事之干』，故知『干』为『正』也。《序卦》曰『蛊者，事也』，故云『蛊，事也』。泰有乾坤，『乾为父』，《说卦》文。坤『发于事业』，故『为事』。正父之事，故曰『干父之蛊』。泰初之上成艮，艮为少男，故『为子』。《曲礼》曰『生曰父母，死曰考妣』。初至四体大过，有棺椁象，故云『父死大过称考』也。阳伏于下为『考』，艮子成于上，是『有子考』也。此从『有子考』断句也。王弼注云『任为事首，能堪其事，考乃无咎』。故曰『有子考无咎也』。此以『考无咎』断句也，王注是也。失位故危，以柔济刚则『吉』，艮为『终』，故『终吉』也。

案：初为阳位而居令首，故为『父事』。六为阴爻而体柔顺，故为『子质』。

九二。干母之蛊，不可贞。

虞翻曰：应在五。泰坤为『母』，故『干母之蛊』。失位，故『不可贞』。变而得正，故『贞』而『得中道也』。

案：位阴居内，母之象也。

疏 虞注：二应在五，五本泰坤也，故云『泰坤为母』。以二干正，故曰『干母之蛊』。二五失位不正，故曰『不可贞』，当变之正也。变则贞而且中，故曰『得中道』。

案：二为阴位，又居于内，女司中馈，故为母象。

九三。干父之蛊，小有悔，无大咎。

王弼曰：以刚干事，而无其应，故『有悔』也。履得其位，以正干父，虽小有悔，终『无大咎』矣。

案：爻位俱阳，父之事。

疏 王注：九为刚爻，故云『以刚干事』。上无正应，以刚济刚，故『有悔』。兑为『小』，故『小有悔』也。以阳居阳，故为『履得其位』。得位之正，以『干父之蛊』。重刚虽有小悔，然得正，终『无大咎』也。

案：以阳爻居阳位，故为『父事』。

六四。裕父之蛊，往见吝。

虞翻曰：裕，不能争也。孔子曰『父有争子，则身不陷于不父』。四阴体大过『本末弱』，故『裕父之蛊』。兑为『见』。

变而失正，故『往见吝』。《象》曰『往未得』，是其义也。

疏 《中庸》曰『宽裕温柔』。以柔爻居柔位，故称『裕』。柔裕，『故不能争』。孔子曰『父有争子，则身不陷于不义』，《孝经》文。四本阴柔，又体大过，初上皆阴，故『本末弱』。是不能争父之过，而仅能『裕父之蛊』也。《杂卦》曰『兑见』，故『兑为见』。变阳失正，故『往见吝』。《象》谓『往未得』是也。

愚案：三以刚居刚，过猛故『悔』。四以柔居柔，过宽故『吝』。三变为蒙『无攸利』，然亦『无大咎』也。四变为鼎，『鼎折足』，故为往见吝也。唯初与五，以阴居阳，虽不得位，然刚柔相济，故一则『终吉』，一则『用誉』也。

六五。干父之蛊，用誉。

荀爽曰：体和应中，承阳有实。用斯干事，荣誉之道也。

疏 六阴为『体和』，五位为『应中』。上承九阳，故『有实』。用斯干事，刚柔相济，荣誉之道也。

上九。不事王侯。

虞翻曰：泰乾为『王』，坤为『事』。应在于三。震为『侯』。坤象不见，故『不事王侯』。

疏 泰有乾坤。『乾为君』，故『为王』。坤『发事业』，故『为事』。下应在三，三互震『为侯』。变蛊则坤象不见，故曰『不事王侯』。

案：震为帝，故为『王』。『长子主器』，故为『侯』。『王侯』皆谓震也。上不与三应，故『不事王侯』。

高尚其事。

虞翻曰：谓五已变，『巽为高』。艮阳升在坤上，故『高尚其事』。

疏 五已变体巽，『巽为高』，《说卦》文。艮之一阳，自乾来升在坤上，故曰『高尚其事』。

愚案：五爻皆言『蛊』，上独言『事』，盖用干用裕，蛊已饬矣。至五『用誉』，则《彖传》所云『蛊元亨而天下治也』。天下已治，故上独变『蛊』言『事』。阳刚有治事之德，处阴非得位之人，成功者退，故不事王侯之事。上处最高，『上』与『尚』通。郑氏云『君犹高尚其所为之事』，谓王侯皆高尚其拨乱反正之事也。

临卦第十九 ䷒

【原典】

兑下坤上 临①，元、亨、利、贞。至于八月有凶。

初九 咸临，贞吉。②

九二 咸临，吉，无不利。

六三 甘临，无攸利。既忧之，无咎。③

六四 至临，无咎。④

六五 知临，大君之宜，吉。⑤

上六 敦临，吉，无咎。

【导读】

临卦强调统治者应当关心百姓，深入下层，保持良好的君民关系。但『临』是有原则的，对『知临』『敦临』『至临』『咸临』是肯定的，但对『甘临』持否定态度。所谓『甘临』，是指用甜言蜜语或给人小恩小惠来进行治理，这终究是不会长久的。

【精注】

①临卦：兑下坤上，象征莅临、临察。②咸临：胸怀感化之心临于百姓。咸，通『感』。③甘：借为钳，钳制。既：已经。④至：下。⑤知：通『智』。

【今译】

临卦 最为亨通。临卦卦象是下单卦为兑，兑为泽，为喜悦；上单卦为坤，坤为地，两单卦结合，地临泽，有一种伟岸的感观。元、亨、利、贞四德具备，只要持正固本，便会吉利。到了八月天气转凉，阴盛阳退，意指有凶险。

初九 心怀感召之德，宽容对待百姓，可获吉祥。

九二 以刚毅之德治理百姓，使其折服必获吉祥。

六三 用宽悦甜言的政策治民，并没有什么好处。如果已经感到自己的过分并加以戒慎，没有灾祸。

六四 体察民情关心百姓，任用贤能，就不会有灾祸。

六五 君临百姓，以委任贤能之才，体察民意，并智慧监临，是为天子之道。必获吉祥。

上六 以敦厚宽仁之心治民，授治于刚，辅之以柔，定获吉祥，没有灾祸。

【集解】

临，元、亨、利、贞。

虞翻曰：阳息至二，与遁旁通。刚浸而长，乾来交坤，动则成乾，故『元亨利贞』。

疏 此十二月辟卦也。阳初息复，至二则成临矣。与遁相反，故云『旁通』。二刚有渐长之势，『乾来交坤』，谓乾息坤也。三动则成乾，故『元亨利贞』，与乾同占也。

至于八月有凶。

虞翻曰：与遁旁通。临消于遁，六月卦也。于周为八月。遁弑君父，故『至于八月有凶』。荀公以兑为八月。兑于周为十月，言八月，失之甚矣。

郑玄曰：临，大也。阳气自此浸而长大。阳浸长矣，而有四德，齐功于乾，盛之极也。人之情盛则奢淫，奢淫则将亡，故戒以凶也。临卦斗建丑而用事，殷之正月也。当文王之时，纣为无道，故于是卦为殷家著兴衰之戒，以见周改殷正之数云。临自周二月用事，讫其七月，至八月而遁卦受之。此终而复始，王命然矣。

疏 虞注：临与遁通。临长成乾，复消于遁为六月卦，周之八月也。阴消至遁，艮子弑父。至三成否，坤臣弑君。故云『遁弑君父』。遁六月即周八月，故曰『至于八月有凶』。『荀公』谓爽也。兑为『正秋』，故『以兑为八月』。夏八月，周之十月也。以十月为八月，故『失之甚矣』。且于『有凶』，义无取也。

郑注：《序卦》曰『临者，大也』故云，『临，大也』。阳气自二浸而长大，终必成乾，故有『元亨利贞』之四德。齐功于乾，阳盛之极也。夫满则必溢，人之恒情。溢则必覆，物之常理。惟圣人见微知著，所以戒之以凶也。临十二月卦，故云『建丑而用事』。夏之十二月，殷之正月也。《系辞下》曰『《易》之兴也，其当殷之末世，周之盛德邪。当文正与纣之事邪』。纣为无道，文王作《易》，特于殷正用事之卦，著兴衰之戒，以见周改殷正之有定数也。临通遁。遁于消息为六月，于殷为七月，于周为八月。临于周为二月。用事之卦，由息而消，讫其七月。至周八月，消至二而遁卦受之。然阴消不久，终而复始，自然之数也。周受命而建子，其法于此乎，故云『王命然矣』。

初九。咸临，贞吉。

虞翻曰：『咸，感也』。得正应四，故『贞吉』也。

疏 『咸，感也』，《咸·彖传》文。王弼又云『感，应也』。惟初与四、二与五为正应。应故『感』，感故皆言『咸』。初得正应四，得正故『贞』，有应故『吉』也。

愚案：初至五伏咸象。初感四应，二感五应，故初二皆言『咸临』。三动上不应，然后成临，故三不言『咸』也。

九二。咸临，吉无不利。

虞翻曰：得中多誉，兼有四阴，体『复初元吉』，故『无不利』。

疏 在二为『得中』，《系辞下》曰『二多誉』。以得中，故多誉也。上兼四阴，其体象复，复初曰『元吉』。有应，故吉。得中，故『无不利』也。

六三。甘临，无攸利。既忧之，无咎。

虞翻曰：『兑为口』，坤为土，『土爰稼穑作甘』。兑口衔坤，故曰『甘临』。失位乘阳，故『无攸利』，言三失位无应，故『忧之』。动而成泰，故『咎不长也』。

疏 『兑为口』，《说卦》文。『坤为地』，居申方从土，故『为土』。『土爰稼穑，作甘』，《洪范》文。『甘，从口含一』。土下从一，即坤地也。以兑口上衔坤土，故曰『甘临』。六失位下乘阳，故『无攸利』。三既失位，又无正应，故『忧之』。董子曰『凡人有忧而不知忧者凶，有忧而深忧之者吉』。三知不正，息泰得正，故『无咎』。伏巽『为长』，临成巽毁，故『咎不长也』。

六四。至临，无咎。

虞翻曰：至，下也。谓下至初应，当位有实，故『无咎』。

疏 《说文》：『至，从一。一，地也。』初为地在下，故云『至，下也』。四与初应，故谓『下至初应』。

初阳为实，而又当位，故云『当位有实』。得应，故『无咎』也。

六五。知临，大君之宜，吉。

荀爽曰：五者，帝位。『大君』谓二也。宜升上居五位，吉，故曰『知临，大君之宜』也。二者处中，行升居五，五亦处中，故曰『行中之谓也』。

疏《中庸》曰『唯天下至圣，为能聪明睿智，足以有临也』，故曰『知临』。五为天子，故云『帝位』。《乾凿度》说此爻云『临者，大也，阳气在内。中和之感，应于盛位。浸大之化，行于万民。故言宜处王位，施大化，为大君矣。臣民欲被化之辞也』，又曰『大君者，与上行异也』，郑彼注云『临之九二有中和美异之行，应于五位，故曰百姓欲其与上为大君』。皆言二当升五，故知『大君谓二也。』《系辞上》谓『知崇效天』，乾天为『知』，故知乾二升五为『知临』。三已正成泰，二升五降成既济定，故曰『大君之宜吉』也。二本处中，互震为『行』，上升于五亦处中，故曰『行中之谓也』。初四皆正，故曰『行正』。二五皆中，故曰『行中』。『知临』而言『行中』者，《中庸》言『舜之大知，用中于民』，是其义也。

上六。敦临，吉，无咎。

荀爽曰：上应于三，欲因三升二，过应于阳，敦厚之意，故曰『敦临，吉无咎』。

疏上与三应，两阴无阳。二，阳也。上欲因三升二，故云『过应于阳』。望二升成既济，故云『敦厚之意』。郑注《乐记》云『敦，厚也』。坤为厚，故曰『敦临』。内望二，故『吉』。上得位，故『无咎』也。

观卦第二十 ䷓

【原典】

坤下巽上 观①，盥而不荐，有孚颙若。②

初六 童观，小人无咎，君子吝。③

六二 窥观，利女贞。

六三 观我生进退。④

六四 观国之光，利用宾于王。⑤

九五　观我生，君子无咎。

上九　观其生，君子无咎。

【导读】

观卦提倡把施政方针建立在『观』的基础上，在注意自身利益的同时，也要关心他人。『观我生』，考察本族意向，决定施政良策，既要重视血族关系，又要考察异族动向，作为借鉴。

【精注】

①观卦：坤下巽上，象征观仰、瞻仰。②盥而不荐：盥，古代举行祭祀大典时祭前洗手称为盥，并延用至今。荐：献祭，指进献酒食以祭先祖和神灵。盥而不荐是指洗手时的虔诚心还没有退减，还持守在虔诚的礼拜之中。孚，诚信。颙：大。若，语助词，无义。③童观：这里指初涉世的人的观点大多幼稚，浅薄。意为像幼童一样。④生：通『姓』。进退：指如何施政。⑤用宾于王：在君王那里做客或以宾客之礼朝拜君王。

【今译】

观卦　象征瞻仰。观卦卦象是下单卦为坤，为地；上单卦为巽，为风。两单卦结合为风行地上。有顺的意思。祭祀之前洗手自洁时便要像进献酒食举行祭典礼拜那样虔诚自躬，方能以自己的仪象、道义展示于人，从而使人民信仰臣服。

初六　普通百姓无知，不能高瞻远瞩，无可厚非，而对于立命君子而言，实在是一件不可理喻的事。

六二　古代女人足不出户，难免有头发长见识短之嫌，而堂堂七尺男子还从门内窥视之，甚至吹毛求疵，只能坏事。

六三　能客观地看待自己的主张，胜不骄，败不馁，便不会盲从了，即可走自己的路。

六四　观察一国的风土人情，就能观察到这个国家君主的治国之政，君王德政好，尚仕之，有贤的大夫才会前来投靠。

九五　君子能经常反省自己曾经的所作所为，做到内省外察便不会有灾祸。

上九　君子外能观国之民俗民情，内能省醒自身，便可尽其道，以图发展。

【集解】**观，盥而不荐，有孚颙若。**

郑玄曰：坤为地，为众，巽为木，为风。九五，天子之爻。互体有艮，艮为鬼门，又为宫阙。地上有木而为鬼门宫阙者，天子宗庙之象也。

王弼曰：王道之可观者，莫盛乎宗庙。宗庙之可观者，莫盛乎盥也。至荐，简略不足复观，故『观，盥而不荐』也。

马融曰：盥者，进爵灌地以降神也。此是祭祀盛时。及神降荐牲，其礼简略，不足观也。『国之大事，唯祀与戎』。王道可观，在于祭祀。祭祀之盛，莫过初盥降神。故孔子曰『禘自既灌而往者，吾不欲观之矣』。此言及荐简略，则不足观也。以下观上，见其至盛之礼。万民敬信，故云『有孚颙若』。孚，信。颙，敬也。

案：鬼神害盈，祸淫福善。若人君修德，至诚感神，则『黍稷非馨，明德惟馨』。故观盥而不观荐，享其诚信者也。斯即『东邻杀牛，不如西邻之禴祭，实受其福』，是其义也。

疏 郑注：『坤为地为众』，『巽为木为风』，皆《说卦》文。五位天子，故九五为『天子之爻』。五互三四为艮。『艮为鬼门』者，《乾坤凿度》曰『艮为鬼冥门。上圣曰「一阳二阴，物之生于宴昧，气之起于幽蔽」』。《地形经》曰「山者，艮也。地土之余，积阳成体，石亦通气，万灵所止。起于冥门，言鬼其归也。」众物归于艮，艮者，止也。止宿诸物，大齐而也，出然后至于口口申，艮静如冥暗，不显其路，故曰鬼门』。《说卦》曰『艮为门阙』，故『又为宫阙』。坤地之上而有巽木，又互艮为鬼门宫阙，五为天子，故云『天子宗庙之象也』。

王注：此与马君融注意同，释见于下。

马注：《祭统》『献之属莫重于裸』。字亦作『灌』，义取于坤地之观。《春官·郁人》：『掌裸器，凡裸事沃盥。』《洛诰》：『王人太室裸。』崔灵恩《三体义宗》云『祭之日，王衮冕入，尸亦衮冕入，祝在后，侑三。王不迎尸，尸入室，作乐降神，乃灌』，故云『盥者，进爵灌地以降神也』。初灌礼备，详具于下，故云『此是祭祀盛时』。《郊特牲》：『既灌然后迎牲。』迎牲而后荐，是荐在盥后也。禘行于春夏物未成熟，荐礼独略，故云『及降神荐牲，其礼简略，不足观也。』『国之大事，唯祀与戎』，本《左传·成公十三年》。盖王者治定制礼吉礼为先，故云『王道可观，在于祭祀』。配天之禘，灌祀最盛，古文作『裸』。周监二代而制礼，《大宗伯》『以肆献裸享先王』。《典瑞》『裸圭有瓒，以肆先王，以祼宾客』。则祼一事有三节。肆者，实而陈之。祼者，将而行之。献者，奉而进之。实以彝，祼之陈。将以瓒，祼之行。献以爵，祼之成。故曰『肆祼献』。祭天无灌而禘有灌者，《公羊传·宣公三年》说配天之义云『王者曷为必以其祖配？自内出者，无匹不行。自外至者，无主不止』。『自内出者，无区不行』，南郊配天也。『自外至者，无主不止』，明堂配天也。明堂之配天，帝异馔亦异其礼，故天无灌而祖有灌。以灌礼降神，推人道以接天，所谓『自外至者，无主不止』，故云『祭祀之盛，莫过初盥降神』也。引《论语》孔子文者，以明『及荐简略不足观』之意。《谷梁传·隐公五年》曰『常视曰视，非常曰观』。灌礼非常，荐为常礼，故观盥而不观荐，吾不欲观也。非不欲观也，所以明灌礼之特盛也。『以下观上，见其至盛之礼，万民敬信』，即『下观而化也』，故曰『有孚颙若』。《杂卦》曰『中孚信也』，故『孚』训『信』。《诗·大雅》郑笺云『颙颙然敬顺』，故『颙』亦训『敬』也。

案：《谦·彖传》曰『鬼神害盈而福谦』，故云『祸淫福善』。『黍稷非馨，明德惟馨』，《书·君陈》文。言人君修德至诚，足以感神，则馨明德而不馨黍稷，即『观盥而不观荐，享其诚信』之意也。『东邻杀牛，不如西邻之神禴祭，实受其福』，既济九五爻辞。复引此，以明在物不在仪之意。

初六。童观。小人无咎，君子吝。

虞翻曰：艮为『童』。阴，『小人』，阳，『君子』。初位贱，以小人乘君子，故『无咎』，阳伏阴下，故『君子吝』矣。

疏 应在四，四互艮为『少男』。又全体象艮，而初爻成始，故『为童』。阴爻象『小人』，阳位象『君子』。初在下，故『位贱』。以阴居阳，是『以小人乘君子』也，故『无咎』。以阴爻居阳位，是『阳伏阴下』也，故『君子吝』。

愚案：艮『少男』，又『为阍寺』。童而阴，『小人』之象也。位应四近五，虽不能『观国之光』，犹可近五，故『无咎』。初阳位，为阴所据。位虽君子，爻不正，四不应，观五无由，故『君子吝』。

六二。窥观，利女贞。

虞翻曰：临兑为『女』。窃观称『窥』。兑女反成巽，巽四五得正，故『利女贞』。艮为宫室，坤为『阖户』。

小人而应五，故「窥观，女贞」利，不淫视也。

疏 临内卦「总为女」。《说文》「窥，闪也」。不正之象，窃观非正视，故称「窥」。兑「少女」，反居观上成巽「长女」。巽四五阴阳得正，故「利女贞」。互艮「门阙」，故「为宫室」。内坤，故「为阖户」。爻阴，故为「小人」。二应巽五得正，故「窥观，利女贞」。《曲礼》曰「毋淫视」。邪视曰「淫视」。「利女贞」，「利不淫视也」。

六三。观我生进退。

虞翻曰：坤为「我」，临震为「生」，「生」谓坤生民也。「巽为进退」，故「观我生进退」。临震进之五，得正居中，故象曰「未失道」。

疏 坤身为自，故「为我」。反临互震，震「反生」，故「为生」。震变为坤，故「生谓坤生民也」，与九五同义。五《象》虞注云「坤为民，谓三也」。「巽为进退」，《说卦》文。「观我生进退」者，谓五。五观示坤民进退，三欲五二正，上来易已也。临震反观，则进之五，九得正，五居中，震「大途」为「道」，故象曰「未失道」。

愚案：坤为「广生」；故曰「观我生」。三处上下之交，位阳主进，爻阴主退，故可进可退。三进于上则成蹇，故欲进仍退，未失观道也。

六四。观国之光，利用宾于王。

虞翻曰：坤为「国」，临阳至二，「天下文明」，反上成观，进显天位，故「观国之光」。「王」谓五阳。阳尊宾坤，坤为「用」、为臣。四在王庭，宾事于五，故「利用宾于王」矣。《诗》曰「莫敢不来享，莫敢不来王」，是其义也。

疏 坤为地，故「为国」。「临阳至二」即乾二。「天下文明」，《乾·九二·文言》文也。反居于上以成观，体五则「进显天位」，故「观国之光」也。五乾为君，故「王谓五阳」。阳尊为主，以坤为宾，故云「阳尊宾坤」。坤「致役」为「用」，「臣道」为臣。艮为门庭，四诸侯位，故「在王庭」。四为宾而臣事于五，故「利用宾于王」。「莫敢不来享，莫敢不来王」，《诗·殷武》文，引之以明「用宾」之义。

愚案：九五下临坤国，乾为「大明」，故为「光」。「大观在上」而四承之，故曰「观国之光」。《聘礼》

归大礼之日，有请观之礼。《春秋传》『吴季札聘鲁，请观于周乐』，『晋韩起聘鲁，观书于太史氏』，皆『观国之光』之事也。五位天子，四位三公。五阳为『王』、为主，四阴为臣、为『宾』。『观』之言灌，大飨有裸宾之礼。故《典瑞》云『裸圭有瓒，以肆先王，以裸宾客』。四为三公而称王宾，则宾于王惟裸礼为盛，故『利用宾于王』也。《左传·庄公二十二年》周史说此爻云『坤，土也。巽，风也。乾，天也。风为天于土上，山也。有山之材，而照之以天光，于是乎居土上，故曰「观国之光」。庭实旅百，奉之以玉帛，天地之美具焉，故曰「利用宾于王」』，是其义也。

九五。观我生，君子无咎。

虞翻曰：我，身也。谓『我生』。『生』谓生民。震生象反。坤为死丧。嫌非生民，故不言民。阳为『君子』。在临二失位，之五得道处中，故『君子无咎』矣。

疏 我身，亦坤为身也。我身有民，故『谓我生』。『生谓生民』者，三坤也。临二与三为震，故五亦我之也。『震生象反』者，震『为反生也』。月灭于坤乙为既死魄，故『坤为死丧』。言『生』则民见，『非生民，故不言民』。『阳为君子』，在临二为失位。反而之五成观，阳得正位为『处中』，故『君子无咎矣』。

愚案：乾为『大生』，故曰『观我生』。三与五位不同而功同，故阴阳不同而其辞同。观阴消阳，将成剥矣，宜有咎。然得中得位，君子之道也，故『无咎』。

上九。观其生，君子无咎。

虞翻曰：应在三，三体临震，故『观其生』。『君子』谓三。之三得正，故『无咎』矣。

疏 上应在三，三体在临互震。震为生，故『观其生』。上失位，之三得正，故『君子谓三』。得正故『无咎』。

愚案：观惟三五上言『生』。上乘五，观五也。下应三，观三也。之三得正，故『无咎』。『三与五同功』，故亦曰『君子无咎』。

噬嗑卦第二十一 ䷔

【原典】

震下离上 噬嗑①，亨，利用狱。

初九　屦校灭趾，无咎。②

六二　噬肤灭鼻，无咎。③

六三　噬昔肉，遇毒，小吝，无咎。

九四　噬干胏，得金矢，利艰贞，吉。④

六五　噬干肉，得黄金，贞厉，无咎。

上九　何校灭耳，凶。⑤

【导读】

噬嗑卦是针对触犯刑律的人，治罪时一定要恰当严格治狱，处在严重的矛盾对抗之中，刑罚太重，百姓怨气冲天，刑罚不重则人民还可能会再犯。

【精注】

①噬嗑卦：震下离上，象征治狱、刑罚。噬是咀嚼，嗑是合嘴。②屦校灭趾：指用麻或藤编成的鞋套刑具遮没犯人的脚趾，不伤皮肉，故刑罚很轻。③噬肤灭鼻：将耳朵割下一些肉，鼻子割下一部分来，虽非重刑，但却是按罪量刑，从达处惩罚而无咎。④干胏：又干又硬的带骨腊肉。得金矢：金箭横亘其间。下文『黄金』同此。⑤何：通『荷』，意为负荷承受。灭：意为伤亡。

【今译】

噬嗑卦　象征治狱。噬是咀嚼，嗑是合嘴。噬嗑卦是指刑罚，阳阴对抗。其卦象，下单卦是震，震为动，为雷；上单卦是离，离为火，为明。两单卦结合指雷霆施令。施用刑罚，宜于刚政。

初九　量刑不重的刑罚，使人感到害怕，但不致犯大恶，这对制约人们犯罪，肯定是一件好事。

六二　加重判罪，使之皮肉受苦，刑必当罪，量刑得当，也不失惩治之本。

六三　施用刑罚惩戒犯人，遭遇顽固者，必遇挫折，但只要得当，小有不适，并没有大的灾祸。

九四　遇到棘手的案件，刚而明但不能过分果断和偏激，冷静处理又正直无私，避免操作之嫌。所以，处理棘手案件的时候要增加透明度。

六五　居尊位之人，以中正之德，严格执法，虽立威很严，只要谨慎量刑，则无妨。

上九　肩负木枷堵住了耳朵，定有凶险。

【集解】

噬嗑，亨，利用狱。

虞翻曰：否五之坤初，坤初之五，刚柔交，故「亨」也。坎为「狱」，「艮为手」，离为明。四以不正而系于狱，上当之三，蔽四成丰，「折狱致刑」，故「利用狱」。坤为「用」也。

案：「颐中有物曰噬嗑」，谓九四也。四互坎，体坎为法律，又为刑狱。四在颐中，啮而后「亨」，故「利用狱」也。

疏　虞注：卦自否来。否五刚之初，初柔之五，是刚柔交通，故亨也。互坎阳陷阴中，又《九家易》：曰「坎为律。」又为丛棘、为桎梏，故「为狱」。互「艮为手」，折狱从手，故取艮手折狱。贵明，故取离明。四阳不正，陷于坎中，故云「系于狱」。蔽，断也。三上易位，则三断四狱，其体为丰。《丰·象》曰「折狱致刑」，故「利用狱」也。坤「致役」，故「为用」。

案：三阳三阴，外实中虚，「颐」象也。九四似不正间之，是「颐中有物」象也。《象传》曰「颐中有物曰噬嗑」。「物」谓九四也。四互坎，《九家易》：「坎为律。」故「为法律，又为刑狱」。四在颐中，间而不合。噬，啮也。唯啮而合之，所以通也，故「亨」。刑克以通，所以「利用狱也」。

初九。屦校灭趾，无咎。

虞翻曰：屦，贯。趾，足也。「震为足」，坎为「校」，震没坎下，故「屦校灭趾」。初位得正，故「无咎」。

干宝曰：趾，足也。屦校，贯械也。初居刚躁之家，体贪狼之性，以震掩巽，强暴之男也。行侵陵之罪，以陷「屦校」之刑，故曰「屦校灭趾」。得位于初，顾震知惧，「小惩大戒」，以免刑戮，故曰「无咎」矣。

疏　虞注：《释名》：「屦，拘也。所以拘足也。」「屦」训「贯」，即「拘」义也。「趾，足也」，《释言》文。「震为足」，《说卦》文。《九家·说卦》曰「坎为桎梏」，故「为校」。震足没于坎水之下，故「屦校灭趾」。震体以初为主，故独家「屦校」也。初阳位，阳爻得正，故「无咎」。伏羲始作八卦，近取诸身，故此卦初为「趾」，上为「耳」。

干注：以『械』为『屦』，故曰『屦校』。汉谓之『贯械』，《后汉书·李固传》云『渤海王调贯械上书』是也。《说卦》：『巽其究为躁卦。』虞谓躁则震是也。九本阳刚，又居震初，故云『初居刚躁之家』。《翼奉传》曰『北方之情，好也。好行贪狼，申子主之』。震初庚子，子北方水位，故云『体贪狼之性』。巽宫三世卦，变巽为震，故云『以震掩巽』。震长男而性贪狼，故为『强暴之男也』。震足为『行』，又为阪生，阪，陵也，故云『行侵陵之事』。坎为『陷』，又为『校』，故云『以陷屦校之刑』。行陷于罪，故曰『屦校灭趾』。震阳得位于初，《震·象》曰『恐惧修省』，故云『顾震知惧』。『小惩大戒』，《系辞下》文。震知惧，惧故惩戒，惩戒『以免刑戮』，故『无咎』。

六二。噬肤灭鼻，无咎。

虞翻曰：噬，食也。艮为『肤』，为『鼻』。鼻没坎水中，隐藏不见，故『噬肤灭鼻』。『乘刚』，又得正『多誉』，故『无咎』。

疏　『噬，食也』，《方言》文。爻辞曰『肤』，曰『昔肉』，曰『干胏』，曰『干肉』。『肤』为胁革肉也。《少牢·馈食礼》曰『雍人伦肤九，实于一鼎』，又曰『肤九而俎，亦横载革顺』是也。『艮为肤，为鼻』，《九家·说卦》文。艮体互于坎下，是鼻灭水中之象。『坎为隐伏』，故『隐藏不见』。二噬艮肤而艮灭坎中，故曰『噬肤灭鼻』。初阳，故『乘刚』。六居二得正，二又『多誉』，故『无咎』。

愚案：初上皆在颐外，故不言噬乙初言『趾』，上言『耳』，近取诸身，皆远于颐者也。至二则在颐中，故自二至五皆言『噬』。肤在皮外，柔而易噬，以喻六二柔中，治狱平易之象。但初九刚强，必须严厉，惟施以灭鼻之刑，乃『无咎』也。」初体震『为足』，故『灭趾』。『灭趾』者，刖刑也。二互艮『为鼻』，故『灭鼻』。『灭鼻』者，劓刑也。

六三。噬昔肉，遇毒，小吝，无咎。

虞翻曰：三在肤里，故称『肉』。离日熯之为『昔』，坎为『毒』，故『噬昔肉遇毒』。毒谓矢毒也。失位承四，故『小吝』。与上易位，『利用狱』成丰，故『无咎』也。

疏　四阳为骨，二为『肤』。『三在肤里，故称肉』。《说文》：『煁，干肉也。从残肉，日以晞之。』马融云『晞于阳而炀于火曰腊肉」，故云「离日熯之为腊肉」。坎为害，故「为毒」。《周语》单子曰「厚味实昔毒」。「腊」，「昔」籀文。昔肉久称「昔」，味厚者为「毒」。又《郑语》「毒之酋腊者，其杀也滋速」，故「噬昔肉遇毒」。四曰「得金矢」，三近四，故「毒谓矢毒也」。三不正为失位，四不正而三承之，故「小吝」。上来之三，是易位也。折四成丰，利用刑狱，故「无咎也」。

九四。噬干胏，得金矢。利艰贞，吉。

陆绩曰：肉有骨，谓之「胏」。离为干肉，又为兵矢。失位用刑，物亦不服，若噬有骨之干胏也。金矢者，取其刚直也。噬胏虽复艰难，终得信其刚直。虽获正吉，未为光大也。

疏 马融云「有骨谓之胏」，故云「肉有骨谓之胏」。「离为乾卦」，阳为骨而离乾之，故「为干肉」。「离为戈兵」，故「为兵矢」。四失位不正，以此用刑，物必不服，故云「若噬有骨之干胏也」。《秋官·大司寇》：「禁民讼入束矢，禁民狱入钧金。」矢取其直，不直者入束矢。金能见情，无情者入钧金。故云「金矢者取其刚直」。王肃又云「金矢所以获野禽，故食之得金矢」也，义亦可通。「噬干胜胏」，艰难之象也。「得金矢」，刚直之象也。于艰难而得刚直，可谓「利艰」矣。然必变正，然后「吉」也。变正则离毁，故「未光也」。

愚案：四有刚直之才，能断狱者也，故爻言「贞吉」。四为上下之隔，能乱群者也，故象言「未光」。

六五。噬干肉，得黄金。贞厉，无咎。

虞翻曰：阴称「肉」。位当离日中烈，故「干肉」也。乾金黄，故「得黄金」。贞，正。厉，危也。变而得正，故「无咎」。

王弼曰：干肉，坚也。黄，中也。金，刚也。以阴处阳，以柔承刚，以噬于物，物亦不服，故曰「噬干肉」也。然处得尊位而居于中，能行其戮者也。履不正而能行其戮，刚胜者也。噬虽不服，得中而胜，故曰「噬干肉得黄金」也。乙己虽不正，而刑戮得当，故虽厉而无咎也。

疏 虞注：阳称骨，故「阴称肉」。五正离位，故云「位当离日中烈」。「离为乾卦」，故曰「干肉」也。卦自否来，否乾「为金」。位居中，其色黄，故曰「得黄金」。「贞，正」者，变而正也。厉，危也。虽变正亦危也。然变而得正，终「无咎」矣。

王注：离为『干肉』，两阳在外，故『坚』也。黄为中色，五为中位，故云『黄，中也』。五方阳位，阳为刚，故云『金，刚也』。六五以阴处阳，以柔乘刚，以此治人之罪，人亦不服，故如『噬干肉』也。以六处五，得乎尊位，柔乘刚而居于中，既中而行刚，是『能行其戮者也』。履虽不正而能行其戮，是以『刚胜者也』。以不正噬物，物虽不服，然位得中而能以刚胜，是『噬干肉而得黄金也』。位虽不当而用刑得当，故『虽贞厉而无咎也』。

上九。何校灭耳，凶。

荀爽曰：为五所何，故曰『何校』。据五应三，欲尽灭坎，三体『坎为耳』，故曰『灭耳凶』。上以不正，侵欲无已，夺取异家。『恶积而不可弃，罪大而不可解』，故宜凶矣。

郑玄曰：离为槁木，『坎为耳』。木在耳上，『何校灭耳』之象也。

疏 荀注：『何』与『荷』同。上据五，为五所荷，故曰『何校』。近据五，下应三，而已居其上，是『欲尽灭坎』也。三互坎，『坎为耳』，故曰『灭耳凶』。上位不正，侵下无已。『夺取异家』，谓应三据五也。『恶积而不可弃，罪大而不可解』，《系辞下》说此爻文也。处罚之极，积恶不改，宜其凶也。

案：《系辞下》虞注此爻云『阴息姤至遁，子弑其父，故恶积而不可弃。阴息遁成否，以臣弑君，故罪大而不可解』。寻此卦初爻，义取小惩大戒。上爻义取恶积罪大者。此本否上，『否终则倾』，宜下反于初成益，则『先否后喜』。今上不下反，坤弑遂行。五降于初以救之，故初『无咎』而上『凶』也。

又案：灭耳，刵刑也。恶积罪大，当服大辟之刑。以三有正应，故从末灭而予以灭耳之罚。初二罪薄罚重，以无正应也。

郑注：《说卦》曰『离其于木也，为折上槁』，故『为槁木』，文为『校』。『坎为耳』，《说卦》文。以木在耳上，故有『何校灭耳』之象。

贲卦第二十二 ䷕

【原典】

离下艮上 贲①，亨，小利有攸往。

初九　贲其趾，舍车而徒。

六二　贲其须。

九三　贲如濡如，永贞吉。②

六四　贲如皤如，白马翰如，匪寇婚媾。③

六五　贲于丘园，束帛戋戋，吝，终吉。④

上九　白贲，无咎。⑤

【导读】

贲卦反映古人朴素的审美观。人格美，提倡高尚的人格，不贪慕虚荣，而要洁身自爱，宁可徒步走路，也不乘车招摇；装饰美，或贲其趾，或贲其须，婚嫁装饰丘园。同时，还简单介绍了古代婚嫁的习俗和规矩，是宝贵的民俗学资料。

【精注】

①贲：卦名。下离上艮，象征文饰。『贲』的本义为饰。②濡：浸湿，润色。③皤：白。翰：天鸡赤羽也。④丘园：丘和园是指在城外的地方。丘：平坦的地方。园：园林。束帛戋戋：束一般指五匹为一束；帛指绸缎、丝织品、棉织品；戋戋是少的意思。⑤白贲：用白色来装饰。

【今译】

贲卦　象征文饰。贲卦的卦象是下单卦为离，为火；上单卦为艮，为山。两单卦结合象征美丽、文采。行为符合礼仪，以文明教化举止，吉。

初九　以刚居下的君子，淡泊明志，虽然给他豪华车辆，但他却安于徒步行走。

六二　胡须随着面腮而动，所以如果只修饰胡须，有什么用呢？

九三　以修饰悦人，甚至沉溺其中，有何用？不如持之中道，更有节风。

六四　将白马装扮得灿若锦鸡，使人疑为贼寇。其实不是贼寇，是谁来求婚了，相求合德相好的人。

六五　不要拘泥于礼节，徒于装饰、点缀，还是自然一点好，到丘园陶冶心情，找一份纯真，倒也安吉。

上九　身处事外，得行其志，不借外物之修表，定无伤。

【集解】

贲。亨。

虞翻曰：泰上之乾二，乾二之坤上，柔来文刚，阴阳交，故「亨」也。

疏　三阴三阳之卦自泰来。坤上采之乾二，乾二往之坤上。「离」为「文」，自外曰「来」，是上柔来文二刚而成贲也。阴阳相交故通，通「故亨」也。

愚案：郑云「贲，变也，文饰之貌」也。夫物相杂谓之文。《考工记》：「画绘之事杂五色，青与赤谓之文。」离火赤，互震木青，艮山亦青之间色，是「赤与青谓之文」，故曰贲也。

小利有攸往。

虞翻曰：「小」谓五。五失正，动得位体离，以刚文柔，故「小利有攸往」。

郑玄曰：贲，文饰也。「离为日」，天文也。艮为石，地文也。天文在下，地文在上。天地二文，相饰成贲者也。犹人君以刚柔仁义之道，饰成其德也。刚柔杂，仁义合，然后嘉会礼通，故「亨」也。卦互体坎艮，艮止于上，坎险于下，夹震在中，故不利大行，小有所之则可矣。

疏　虞注：阴为「小」，谓五。五阴失正，动而得位，互又成离，是伏刚出而文柔也。阴动刚出，故「小利有攸往」也。

郑注：《序卦》曰「贲饰」，故云「文饰」。「离为日」，「艮为小石」，《说卦》文。日为天文，石为地文，泰乾在下，离亦在下，故云「天文在下」。坤在上，艮亦在上，故云「地文在上」。天地二文，交相饰而成贲，犹人君以刚柔交济，仁义并行，然后能饰成其德也。刚柔杂则阴阳通。仁，元也。义，利也。合者，会也。仁义合则嘉会之礼通于其间，故「亨也」。卦体艮，互有坎。艮止在上，坎险又互艮以止于下。三互震以夹于其中，「震为大途」，为行，艮以止之，故「不利大行」。艮为「小」，故「小有所之则可矣」。

初九。贲其趾。

虞翻曰：应在震，震为足，故「贲其趾」也。

疏　阳为质，阴为文。贲之义，以柔饰刚。贲初应四，四互「震为足」。四柔来文初刚，故曰「贲其趾」。

舍车而徒。

虞翻曰：应在艮，艮为「舍」，坎为「车」。徒，步行也。位在下，故「舍车而徒」。

疏 又应在艮。「艮为舍」者，舍，置也，手止故「为舍」。「坎于舆为多眚」，故「为车」。「徒，步行」，《说文》文。震与初同体，故初受震贲，自用其足。坎与上异体，故舍坎车而徒行也。古者大夫乘车。初为元士，故位在下，「舍车而徒」。是「素其位而行，不愿乎其外」者也。

六二。贲其须。

侯果曰：自三至上，有颐之象也。二在颐下，「须」之象也。二无其应，三亦无应，若能上承于三，与之同德，虽俱无应，可相与而兴起也。

疏 自三至上，体有颐象。颐下，其象为「须」。须者，阴血所生而体柔。六为柔爻，二为阴位，又居颐下，故称「须」。上附于刚，刚柔相贲，故「贲其须」。二三俱无正应，但能同德，则二与三并兴。五上易位，皆得其应矣。须不动，必待颐而动，故曰「与上兴也」。

案：坎乾合而为需。二居互坎之下，变成乾，有需象焉。需者，须也，故曰「贲其须」。须，待也。初与四相应而贲。二与五无应。待五之正，二则贲之。归妹六三「归妹以须」，虞彼注云「须，需也」。彼待四，此待五也。「上」谓五，互震起为「兴」，故曰「与上兴也」。

九三。贲如濡如，永贞吉。

卢氏曰：有离之文以自饰，故曰「贲如」也。有坎之水以自润，故曰「濡如」也。体刚履正，故「永贞吉」。与二同德，故「终莫之陵也」。

疏 内体离，故「有离之文以自饰」，为「贲如」。互体坎，故「有坎之水以自润」，为「濡如」。《诗·小雅》：「六辔如濡。」亦言其光美而沃泽也。九阳为「体刚」，三阳为「履正」。体刚故「永」，履正故「贞」，永贞故「吉」。三与二皆得位，故云「同德」，而皆无正应。二乘初、四乘三，嫌有陵之者。但能长守其正，五上易位，终获其应。上为终，故云「终莫之陵也」。

六四。贲如皤如，白马翰如，匪寇婚媾。

王弼曰：有应在初，三为寇难。二志相感，不获交通。欲静则失初之应，欲进则惧三之难。故或饰或素，内怀疑惧。鲜絜其马，翰如以待。虽履正位，未果其志。匪缘寇隔，乃为婚媾，则『终无尤也』。

陆绩曰：震为『马』，马『白』，故曰『白马翰如』。

案：『皤』亦白素之貌也。

疏 王注：四与初应，故『有应在初』。四乘三刚，故阂于三为己寇。四与初，虽二志相感，以有所阂而不获通亨。体艮为止，故欲静以待之，则疑初之应己，而不欲静也。互震为动，故欲进以应之，则惧三之难己，而不欲进也。进退两难，故『或饰』而『贲如』，『或素』而『皤如』，内怀疑惧而无定也。但『鲜絜其马，翰如以待』。所履虽正，未敢果志遽进也。以三刚难犯，故未与初应。惟不以初为寇，而乃婚媾焉，终无尤也。

陆注：《说卦》：『震于马为鼻足、为的颡。』故『为马』。《释畜》『左白鼻』，又『膝上皆白惟鼻』。虞注『的颡』云『的，白。颡，额也。《诗》云「有马白颠」是也』。是震『为白』也。『白马翰如』，盖取诸震也。《檀弓》曰『殷人尚白，戎事乘翰』，郑彼注云『翰，白色马也』，是『翰如』亦言其白也。

案：《说文》『皤，老人白也』，故云『皤，亦白素之貌也』。变巽『为白』，故为『皤如』。

愚案：三为离之极，四为艮之始，离主明而艮主止者也。三曰『贲如濡如』，溺于文矣。四曰『贲如皤如』，反于质矣。六爻之中，唯初与四为正应。四既反质，初不尚文，故亦『白马翰如』而来也。何以知乘马为初也？郑《箴膏肓》云『天子以至大夫，皆有留车反马之礼』，是乘马者，阳也。初『白马翰如』，将以阳求阴而为婚媾也。乃四乘三阳，阂乎其间，互『坎为盗』，疑为寇矣。然乘马而来者，匪三之寇，实初婚媾也，故曰『匪寇婚媾』。

六五。贲于丘园，束帛戋戋。吝，终吉。

虞翻曰：艮为山，五半山，故称『丘』。本果曰『园』，故『贲于丘园』也。六五失正，动之成巽。巽为『帛』、为绳，艮手持，故『束帛』。以艮断巽，故『戋戋』。失位无应，故『吝』。变而得正，故『终吉』矣。

疏 『艮为山』，《说卦》文。五在山半，故『称丘』。扬子云『丘陵学山而不至于山』，故山半为丘也。

艮为木果，《天官》：『园圃毓草木。』故云『木果为园』。『贲于丘园』者，言五阴贲于艮也。以六居五，其位失正，动而成阳，其体为巽。『帛』从巾从白，巽为白，故『为帛』。『为绳直』，故『为绳』。艮为手以持之，故为『束帛』。『戋戋』，《子夏传》作『残残』。《说文》：『戋，贼也。』《广韵》：『伤也』。通作『残』。以艮手断巽帛，故称『戋戋』，即翦裁分裂制为衣服之意也。五失位，无正应，故『吝』。变正应二，故『终吉』矣。

愚案：五下应二，『贲于』者，贲二也。二互体坎，坎为隐伏，隐士之象也。二自坤上来，坤为土。《说文》：『丘，土之高也。一曰四方高、中央下为丘。』二以一阴居两阳之间，亦外高中下之象。《九家·说卦》曰『坎为丛棘』，园有树木，『丘园』之象也。五本坤体，《九家·说卦》曰『坤为帛』。《子夏传》曰『五匹为束，三玄二纁，象阴阳』。位在五，故为五匹。余五爻，三阳以象三玄，二阴以象二纁，故曰『束帛』。吴薛综解此《爻》云『古者招士，必以束帛，加璧于上』是也。『戋』以字义考之，从水为『浅』，从贝为『贱』，从金为『钱』，皆狭小之意。贲外三爻皆尚质不尚文，故《杂卦传》曰『贲，五色也』。王弼谓『戋戋为过俭』是也。『坤为吝啬』，故『吝』。然求贤之意，重物不重仪，故『终吉』矣。

上九。白贲，无咎。

虞翻曰：在巽上，故曰『白贲』。乘五阴，变而得位，故『无咎』矣。

疏 五变，故『在巽上』。巽为『白』，故曰『白贲』。下乘五阴，交相变而得位，成既济定，故『无咎矣』。

愚案：《工记》曰『画绘之事后素功』，郑彼注云『素者，白采也。功者，工也。后工者，谓后布之，恐其渍汗也』，贲终于『白』，即『后素功』之谓也。在贲家而能以素终，始终不溺于文者也，故『无咎』。不引《论语》『绘事后素』者，《论语》即《礼器》『白受采』之意，与《考工记》不同，据《考工》以释《论语》者，误也。

又案：《礼记》曰『三年之丧，人道之至文者也』，又曰『伯母叔母，疏衰踊不绝地。姑姊妹之大功，踊绝于地。知此者，由文矣哉！』，此亦『白贲』之义也。

剥卦第二十三 ䷖

【原典】

坤下艮上 剥①，不利有攸往。

初六 剥床以足，蔑贞，凶。②

六二 剥床以辨，蔑贞，凶。③

六三 剥无咎。

六四 剥床以肤，凶。④

六五 贯鱼，以宫人宠，无不利。⑤

上九 硕果不食，君子德车，小人剥庐。⑥

【导读】

本卦爻辞多借梦占预示吉凶。剥卦属于不利之卦。初六至六四通过梦见床足、床板到床上草席的逐渐腐烂，说明事物走向衰亡是必然的，而且是从一点一滴开始没落的，是指远期效果而言，是一种预示性的劝诫。六五言宫女鱼贯依次得宠，说明如果办事能循序渐进就可以获利。上九说明同一现象对于君子和小人的意义是不一样的。

【精注】

①剥卦：坤下艮上，象征剥落剥蚀。②剥床以足：床是人安身的住所。古代床是坐、卧的地方。把床折了，象征对人的轻蔑与侮辱，有挑战的意思。③剥床以辨：辨即指辩，床垫。已侵蚀到床板、床垫了。④肤：床身。⑤贯鱼，以宫人宠：受宠爱的宫人鱼贯而来。宫人，宫中妃嫔。以：引。⑥庐：房舍。

【今译】

剥卦 象征剥落。剥的过程就是阴邪侵蚀的过程。剥卦卦象是下单卦为坤，坤为地；上单卦为艮，艮为山。两单卦结合正如山体被风云剥蚀。阴邪的侵蚀是对阳正的剥损，不利于有所行动。

初六 床已剥落到床脚，很明显阴邪已经很嚣张了，故凶险。

六二　剥蚀已然损及床板、床垫，已十分张狂，必有凶险。

六三　虽然处于剥蚀之中，君子能够不与他们同流合污，小人自知理短心虚，所在无大碍。

六四　君子软弱，小人穷凶极恶，其祸非常严重。

六五　引导宫中妃嫔自上而下，依名次承接君主的宠幸，无不利。

上九　硕果仅存不被蚕食，君子定会受到拥戴，如坐车一样轻快前行。小人阴险，即使偷取果实不久也会损落的。

【集解】

剥，不利有攸往。

虞翻曰：阴消乾也，与夬旁通。『以柔变刚』，『小人道长』。『子弑其父，臣弑其君』，故『不利有攸往』也。

疏　剥本乾也，阴消乾至五成剥，故云『阴消乾也』。自夬刚长，即伏剥消。剥又伏夬，故『与夬旁通』。『以柔变刚』，《彖传》谓阴消阳也。小人道长，《否·彖传》文，谓阴长至五也。『子弑其父，臣弑其君』，《坤·文言》文。阴消至遁，艮子弑乾父，阴消至否，坤臣弑乾君。『小人道长』，故『不利有攸往』。剥曰『不利有攸往』，惧阳尽也。《复·彖》即曰『利有攸往』，喜阳生也。

初六。剥床以足。蔑贞，凶。

虞翻曰：此坤卦变乾也。动初成巽，巽木为『床』，复震在下，为『足』，故『剥床以足』。蔑，无。贞，正也。失位无应，故『蔑贞凶』。震在阴下，《象》曰『以灭下也』。

疏　卦本坤变乾也。乾初动成巽，《说文》『床，从木，爿声』，巽为木，故为『床』。巽下伏震，震为足，故曰『剥床以足』。剥穷则复，故初巽则伏震，二则不言伏兑也。《诗·大雅》：『丧乱蔑资。』毛传『蔑，无也』，故『蔑』训『无』。『贞，正也』，《师·彖传》文。初阴失位，又无正应。无贞，故凶也。震伏巽下，故《象》言『灭下也』。

六二。剥床以辨。蔑贞，凶。

虞翻曰：指间称「辨」。剥，剥二成艮。艮为指，二在指间，故「剥床以辨」。无应在剥，故「蔑贞凶」也。

疏 「辨」，本作「采」。《说文》「采，辨别也，象兽指爪分别也。读若辨」。「辨」亦别也，故云「指间称辨」。剥捎至乾二成艮，「艮为指」，《说卦》文。二体艮在指间，故曰「剥床以辨」。二位得正，以阴消至五成剥，上无正应，故「蔑贞凶」也。

六三。剥无咎。

荀爽曰：众皆剥阳，三独应上，无剥害意，是以「无咎」。《象》曰「失上下也」。

疏 卦有五阴，消乾成剥，故云「众皆剥阳」。三虽不正，独与上应，阳阴相得，故无剥害上九之意，是以「无咎」也。「上」谓四，「下」谓初二。众阴皆欲剥阳，已独应上。剥之所以无咎者，以违上下故也。当剥之世，以扶阳为贵。三舍众阴以应上九，故「无咎」。五率众阴以承上九，故「无不利」。初二四专以阴剥阳，故皆曰「剥床凶」。「三与五同功」，皆有扶阳之意，故知「上谓四，下谓初、二」也。

六四。剥床以肤，凶。

虞翻曰：辨上称「肤」，艮为「肤」。以阴变阳，至四乾毁，故「剥床以肤」。臣弑君，子弑父，故「凶」矣。

王肃曰：在下而安人者，床也。在上而处床者，人也。坤以象床，艮以象人。床剥尽以及人身，为败滋深，害莫甚焉，故曰「剥床以肤，凶」也。

疏 虞注：四在上体，故云「辨上称肤」。坤消乾至四，体巽为「床」。「体艮为肤」者，阴在内称肉，阳在外象肤。谓以一阳覆二阴，故「为肤」也。以阴消阳，至四则上体之乾毁，故「剥床以肤」。乾毁则「臣弑君，子弑父，故凶矣」。否至三弑父弑君，剥至四乃成弑者，否治未然，剥道已著。乾不毁，犹未为切近，忠厚之至也。

王注：「在下」谓内卦，下承上，故安人之身者为「床」。「在上」为外卦，上乘下，故处床之上者为「人」。内为坤，坤方载物，故象床。外为艮，艮三索少男，故象人。剥足剥辨，床尽则及人身。乾毁为败及四，则「为败滋深」。坤阴为害，重坤故「害莫甚焉」。剥床不已，遂及人肤，故曰「剥床以肤，凶也」。

六五。贯鱼，以宫人宠，无不利。

虞翻曰：剥消观五。巽为「鱼」、为绳，艮手持绳贯巽，故「贯鱼」也。艮为「宫室」，「人」谓乾五，以阴代阳，五贯乾为宠人，阴得丽之，故「以宫人宠」。动得正成观，故「无不利」也。

何妥曰：夫剥之为卦，下比五阴，骈头相次，似「贯鱼」也。鱼为阴物，以喻众阴也。夫「宫人」者，后夫人嫔妾，各有次序，不相渎乱。此则贵贱有章，宠御有序。六五既为众阴之主，能有贯鱼之次第，故得「无不利」矣。

疏 虞注：剥之为卦，消观五而成，观五体巽。「巽为鱼」者，震阳为龙，巽阴为蛇、「为鱼」。郭璞《洞林》曰「鱼者，震之废气也」。盖巽王则震废也。又《说卦》：「巽为多白眼。」鱼目不瞑，故「巽为鱼」。「巽为绳直」，故「为绳」。消巽成艮，故「艮手持绳贯巽」，为「贯鱼」也。「艮为门阙」，故「为宫室」。未消则五为乾。乾阳生为人，故「人谓乾五」。不称后者，剥统于上。五不得正尊位，坤虚无君，以承上也。艮为门阙、为阍寺。群阴在门阙之内，阍寺守之，故有「宫人」之象。以柔变刚，故云「以阴代阳」。阴至五位，故云「五贯乾为宠人」。上承于阳，众阴得而丽之，故「以宫人宠」。《乾凿度》曰「阴贯鱼而欲承君子」是也。五失位，动得正成观，故「无不利」也。

何注：剥以一阳下比五阴，骈头相次，「贯鱼」之象。五爻皆阴，故云「鱼为阴物，以喻众阴也」。五为王后之位，宫人之长也。四为夫人，三为九嫔，二为世妇，初为御妻，故云「后夫人嫔妾，各有次序，不相渎乱」也。五贯而下贱，故「贵贱有章」。由上而及下，故「宠御有序」。五统众阴，上承一阳，已有中和之德，而又使群阴贯鱼以进，不至有逼上之嫌，故「无不利」也。

上九。硕果不食，君子德车，小人剥庐。

虞翻曰：艮为「硕果」。谓三已复位，有颐象。颐中无物，故「不食」也。夬乾为「君子」为「德」，坤为「车」为民，乾在坤，故以德为车。「小人」谓坤，艮为「庐」，上变灭艮，坤阴迷乱，故「小人剥庐」也。

疏 「硕」与「石」同，艮为石，为果蓏，故「为硕果」。与三应，上不变而三复正位，有颐象焉。颐中无物，故「不食」。且全体象颐而下无震，故「不食也」。《白虎通》曰「阳道不绝，阴道有绝」，十月纯坤，谓之阳月，阳道不绝之义也。『乾为木果』，谓上九也。艮得乾体，艮之『硕果』，亦指上也。剥之上即复之初，『穷上反下』，上之『硕果』，即下之萌芽，艮为『万物所成终而成始』者，此也。《乾凿度》曰『剥当九月之时，阳气衰消而阴终不能尽阳，小人不能决君子』，此硕果所以不食也。乾夬谓旁通也。上应在三，『乾为君子』，谓乾三也。乾曰新，故『为德』。坤为大举辉，故『为车』。《礼运》曰『天子以德为车』，乾在坤上，乾德坤车，故云『德车』。坤消乾，『小人道长，』，故『小人谓坤』。艮为门阙，故『为庐』。上变灭艮，则成纯坤，坤暝为『迷』，坤弑为『乱』，是『小人剥庐』之象也。坤为『车』，重坤五阴上载一阳，阳为『君子』，故有『君子德车』之象。艮为『庐』，下乘重坤，一阳下覆五阴，阴为『小人』，小人灭阳，不灭不止，故有『小人剥庐』之象。

复卦第二十四 ䷗

【原典】

震下坤上 复①，亨。出入无疾，朋来无咎。反复其道，七日来复，利有攸往。②

初九 不远复，无祇悔，元吉。③

六二 休复，吉。④

六三 频复，厉，无咎。

六四 中行独复。⑤

六五 敦复，无悔。⑥

上六 迷复，凶，有灾眚。用行师，终有大败，以其国君凶，至于十年不克征。⑦

【导读】

复卦所说的都是复，它通过对各种不同的复，即各种不同的返回的分析，来谈其利弊得失和吉凶。

【精注】

①复卦：震下坤上，象征反复。②出入：指走出去又返回来。反复其道：指冬去春来，月盈月亏，年年、月月、日日，朝起暮落，都有定规，有法则。七日来复：以晷盘表测日影，按冬至到夏至，测出天行规律以七日为一期，每月四期。『七

日」在此象征转化迅速。③不远复：行而不远就返还。祗悔：悔恨。④休：喜。⑤中行独复：不偏不倚地独自返还。⑥敦：敦促，催促。⑦迷复：误入迷途而求返还。灾眚：灾祸。行师：兴兵征伐。以：及。克：能。

【今译】

复卦 象征更正错误。复卦的卦象下单卦为震，震为动，为雷；上单卦为坤，为地。两单卦结合为地雷复。指阴阳二气循环反复，亨通顺利，如果犯了错误还能够返回来改正，就没有灾祸，多次犯错多次改正也无祸。每期七天，循环往复，天地万物运行不止，这是天理。没有灾祸。

初九 君子修身，知错必改，走了弯路，返回即好。不会有悔恨，这是很吉祥的。

六二 休养生机，至善至美，必获吉祥。

六三 把持不定，屡屡受挫，但能排除干扰，从头再来，必无灾祸。

六四 要不偏不倚地独自更正错误。

六五 刚居尊位，厚重自持，无后悔之言。

上六 如果对所犯的错误执迷不悟，就有凶险，将会发生灾祸。如果用这种执迷不悟兴兵征伐，将会大败。如果用这种执迷不悟治国，君主必有凶险，十年也不会荡平敌寇。

【集解】

复，亨。

何妥曰：复者，归本之名。群阴剥阳，至于几尽，一阳来下，故称「反复」。阳气复反而得交通，故云「复亨」也。

疏 上为末，初为本，阳尽于上，复归于初，故云「复者，归本之名」。「群阴剥相，至于几尽」者，剥之上，「不食」者也。「一阳来下，故称反复」者，复初之不远者也。乾阳复反于坤初，阴阳交通，故曰「复亨也」。

出入无疾，朋来无咎。

虞翻曰：谓出震成乾，入巽成坤。坎为「疾」，十二消息，不见坎象，故「出入无疾」。兑为「朋」，在内称「来」，五阴从初，初阳正，息而成兑，故「朋来无咎」矣。

疏 阳出复历临，至泰反观，成剥入坤，为乾之消息六卦，故云『出震成乾』。阴入姤历遁，至否反大壮，成夬盈乾，为坤之消息六卦，故云『入巽成坤』。凡得乾坤之卦各八，震巽艮兑之卦各二。不见坎离，盖日月成八卦之象。乾坤合东纳甲乙，震巽合西纳庚辛，艮兑合南纳丙丁，坎离入中宫纳戊己，其处空虚。离为日光，震巽艮兑皆可见离象。坎为月精，晦朔之交，灭于坤乙不可见，故云『十二消息，不见坎象』。《说卦》：『坎为心病。』故『为疾』。不见坎象，故曰『出人无疾』。《兑·象》曰『君子以朋友讲习』，故兑『为朋』。卦例凡在内者称『来』。五阴皆从于初。初阳得正，息二成兑为临，息三互兑为『泰』，息四互兑为『大壮』，息五互兑为夬，皆体兑为朋，故曰『朋来无咎』矣。

案：《京房本》『朋』作『崩』。剥上，《易传》曰『小人剥庐，阙妖山崩』，复曰『崩来无咎』。艮山为『崩』，艮之一阳来于复初，故『无咎』。义亦可通。

反复其道，七日来复。

案：易轨：一岁十二月，三百六十五日，四分日之一。以坎、震、离、兑四方正卦，卦别六爻，爻主一气。其余六十卦，三百六十爻，爻主一日，当周天之数。余五日四分日之一，以通闰余者也。剥卦阳气尽于九月之终，至十月末纯坤用事，坤卦将尽，则复阳来，隔坤之一卦，六爻为六日，复来成震，一阳爻生为七日，故言『反复其道，七日来复』，是其义也。天道玄邈，理绝希慕，先儒已论，虽各指于日月，后学寻讨，犹未测其端倪，今举约文，略陈梗概，以候来悊，如积薪者也。

疏 此主郑氏由剥至复六日七分，而小变其说也。《稽览图》曰『甲子卦气起中孚』，郑彼注云『卦气，阳气也』。又曰『六日八十分之七』，注云『六以侯也，八十分为一日，之七者，一卦六日七分也』。《稽览图》引《是类谋》曰『冬至日在坎，春分日在震，夏至日在离，秋分日在兑。四正之卦，卦有六爻，爻主一气。余六十卦，卦主六日七分，八十分日之七。岁有十二月，三百六十五日四分日之一。六十而一周』。今《是类谋》无此文，盖逸脱也。寻《易纬》之义，坎、离、震、兑各主一方。爻主一气，二十四爻主二十四气。其余六十卦，卦有六爻，爻主一日，凡主三百六十日。余有五日四分日之一者，以八十分为日法，五日分为四百。四分，四分日之一，又为二十分。是四百二十分。六十卦分之，六七四十二，卦别各得七分，是每卦六日七分也。郑注此经云『建戌之月，以阳气既尽。建亥之月，纯阴用事。至建子之月，阳气始生』。隔此纯阴一卦，卦主六日七分。举其在数言之，而云七日来复也。

愚案：《稽览图》所称，盖言中孚至复六日七分。郑注此经，则言由剥至复六日七分。李君之注，从郑氏剥复之说也。『易轨』者，易策也。李君但言日主一爻，故以三百六十日当三百六十爻，而以余五日四分日之一以通闰余。其言以爻值日之法，本于《稽览》，而不言中孚。其言由剥至复之义，本于郑注，而不言六日七分。详陈古法，以著源流。而李注云云，大旨嘹如矣。悊，古文『哲』。《皋陶谟》：『知人则哲。』《汉书》引作『悊』是也。《汉书·循吏传》：『武帝用人，辟如积薪，后来者居上。』兹云『以候来悊，如积薪者』，盖谦辞也。

利有攸往。

虞翻曰：阳息临成乾，『小人道消，君子道长』，故『利有攸往』矣。

疏　阳息二为临，至三成乾为泰。『小人道消，君子道长』，《泰·彖传》文。阴消阳长，往则成乾，故『利有攸往矣』。

初九。不远复，无祇悔，元吉。

崔觐曰：从坤反震，而变此爻，『不远复』也。复而有应，故获『元吉』也。

疏　阳灭于坤，复动成震，震『为反生』，故云『从坤反震』。剥上灭坤，坤初动震，此爻早变，故曰『不远复也』。六爻唯初与四为正应，故『复而有应』。『中行独复』，故『元吉也』。

愚案：天道远，初乾，故言『远』。七日灭乾来复于震，故『不远』。韩云『祇，大也』。《系辞上》曰『震无咎者存乎悔』，虞彼注云『震，动也』。初动得正，故无大悔。乾元在始，即初阳也。震之一阳，即乾之元也。乾元得正，故曰『元吉』。

六二。休复，吉。

王弼曰：得位居中，比初之上而附顺之，『下仁』之谓也。即处中位，『亲仁善邻』，复之休也。

疏　六为『得位』，二为『处中』。与初相比，专一不疑。《乾·文言》曰『元者，善之长也』，又曰『君子体仁，足以长人』。乾元为仁，即初阳也。己在初上，下而顺附于阳，『下仁之谓也』。『亲仁善邻』，《左传·隐公元年》文。处中得位，而能亲阳之仁，善初之邻，『复之休』者也。休，美也。乾『以美利利天下』，二近于初，故曰『休复』。

愚案：《说文》『休』在木部，人依木则休。《尔雅》『庇阴』曰『休』，会止木庇息意。震一阳初生，东方木象，二为人位，得依于初，故曰『休复吉』。初阳乾元为仁，震春木德亦为仁，二所以『休复吉』者，以其下为仁也。

六三。频复，厉，无咎。

虞翻曰：频，蹙也。三失位，故『频复，厉』。动而之正，故『无咎』也。

疏 『频，蹙也』，即王弼注『频蹙之貌』是也，义本《说有志者事竟文》。频，古作『湄』。《说文》曰『湄，水厓，人所宾附。湄蹙不前而止。从页从涉。』三变正为坎，故『湄』字中从为『水厓』也。三为内卦之外，有厓象焉。三本失位，无应于上，临压频蹙，然后求复，亦危道也。变而之正，故『无咎』。

六四。中行独复。

虞翻曰：『中』谓初，震为『行』，初一阳爻，故称『独』。四得正应初，故曰『中行独复，以从道也』。俗说以四位在五阴之中而独应复，非也。四在外体，又非内象，不在二五，何得称『中行』耳？

疏 『中谓初』者，董子《春秋繁露》曰『阳之行，始于北方之中而止于南方之中。阴之行，始于南方之中而止于北方之中，阴阳之道不同，至于盛而皆止于中，其所始必皆于中。中者，天地之太极』。极，中也。是以二至为天地之中，冬至在复初一阳，《复·象》曰『见天地之心』，心即中也，故知『中谓初』也。初体震足为『行』，震初一阳故称『独』。初以中行，独应于四，四得正位，下应于初，故曰『中行独复』。初乾元为『道』，震大涂亦为『道』。初已复，四从之，故曰『以从道也』。『俗说』，谓《郑注》也。郑谓『爻处五阴之中，度中而行，四独应初』。寻内亦称中。四外体，非内象，不得称中。且二五称中，《易》有定例。位非二五，安得称中。罔识天心，遂迷中象，故驳而废之也。『耳』当作『邪』。

六五。敦复，无悔。

侯果曰：坤为厚载，故曰『敦复』。体柔居刚，无应失位，所以有悔。能自考省，动不失中，故曰『无悔』矣。

疏 《中庸》曰『敦厚以崇礼』。『敦厚』连文，是『敦』即『厚』也。五体坤，《坤象》曰『厚德载物』，故曰『敦复』。六以柔体，居五刚位，下无正应，已又失正，宜有悔矣。然所履得中，为复之主。『复以自知』，故曰『考』。坤身为『自』，故曰『自考』。五位在中，故曰『中以自考』。动而得正，又不失中，故『无悔矣』。

上六。迷复，凶，有灾眚。

虞翻曰：坤冥为『迷』，高而无应，故『凶』。五变正时，坎为灾眚，故『有灾眚』也。

疏 《九家·说卦》曰『坤为迷』。坤夜为冥，故『为迷』。剥消入坤，故为『先迷』。上远于初，迷乎复道。《左传·襄公二十八年》『复归无所，是为迷复』，即此义也。居上为『高』，三阴为『无应』。迷而无应，故『凶』。五变正体坎，坎为多灾眚，故『有灾眚』。

用行师，终有大败，以其国君凶。

虞翻曰：三复位时，而体师象，故『用行师』。阴逆不顺，坤为死丧，坎流血，故『终有大败』。姤乾为君，灭藏于坤，坤为异邦，故『国君凶』矣。

荀爽曰：『坤为众』，故『用行师』也。谓上行师，而距于初，阳息上升，必消群阴，故『终有大败』。『国君』谓初也。受命复道，当从下升。今上六行师，王诛必加，故『以其国君凶』也。

疏 虞注：上与三应。三复阳位，二至上体师象，故『用行师』。『坤，顺也。』互坎险，故『险逆不顺』。月丧于坤乙为死魄，故『坤为死丧』。『坎为血卦』，故『流血』。坎『为多眚』，眚，败也。上为『终』，故『终有大败』。『姤乾为君』者，伏姤乾五也。『坤以藏之』，又为『灭』。姤君伏藏不见，故云『灭藏于坤』。坤土为『邦』，不同于乾，故为『异邦』。乾灭于坤邦，故『国君凶矣』。

荀注：『坤为众』，《说卦》文。师者，众也。坤为『用』，震为『行』，故『用行师』。上降于初，其体为师。初阳得正，距而不应。初乾息坤，其势上行，阳长则群阴必消，终至于上，故『终有大败』。震为诸侯，『国君』之象，故『国君谓初也』。震受乾命而复自道，《易》气从下生，自下升上，故云『受命复道，当从下升』。今上六居高履危。迷乎复道，逆命行师，王诛之所必加者也。《左传·僖公二十六年》『凡师能左右之曰以』。臣擅君命，故『以其国君凶也』。

至于十年不克征。

虞翻曰：坤为『至』，为『十年』。阴逆坎临，故『不克征』。谓五变设险，故帅师败，丧君而无征也。

何妥曰：理国之道，须进善纳谏。迷而不复，安可牧民。以此行师，必败绩矣。败乃思复，失道已远。虽复十年乃征，无所克矣。

案：坤为『先迷』，故曰『迷复』。坤又为师象，故曰『行师』。坤数十，『十年』之象也。

疏 虞注：至，从高下至地。从一。一，地也。《坤·象传》曰『至哉坤元』，故『坤为至』。《系辞上》曰『天九地十』，坤癸数十，故『为十年』。阴逆坎临之『临』，当作『险』，谓上负坎险，人不能征，故曰『不克征』。五变体坎为设险，故『帅师败，丧君而无征也』。复阳之微，尤恶险逆，故上六之象如此。

何注：坤为国，又『黄中通理』，故云『理国之道』。初阳为『善』，震言为『谏』，故云『须进善纳谏』。坤为『民』。上六『迷而不复，安可牧民』。古者寓兵于农，牧民无道，故『以此行师，必败绩矣』。复初『元吉』，以其不远。至于『终有大败』，乃思阳复，其失复道已远矣。虽十年之久，弗克征也。盖行师当奉君命，上反君道，故『不克征』。『不克』者，义弗克也。

案：《坤·象传》曰『先迷失道』，故曰『迷复』。初至五有师象，故曰『行师』。坤发数十，故云『十年之象』。

愚案：道心之惟微也，慎独则能知几，故来复在于七日。人心之惟危也，徇欲则忘反，故迷复至于十年。

无妄卦第二十五 ䷘

【原典】

震下乾上 无妄[1]，元亨利贞。其匪正有眚，不利有攸往。[2]

初九 无妄，往吉。

六二 不耕获，不菑畬。则利有攸往。[3]

六三 无妄之灾，或系之牛，行人之得，邑人之灾。[4]

九四 可贞，无咎。

九五　无妄之疾，勿药有喜。⑤

上九　无妄，行有眚，无攸利。

【导读】

无妄卦的卦辞讲：『无妄，元亨利贞。其匪正有眚，不利有攸往。』意思是说思想、行为不虚妄，按照规律办事就能通达顺利。思想、行为如果妄为，灾祸就会到来。而人的所作所为要不虚妄，就要顺着客观规律而动，如果逆规律而动，就是轻举妄动，就会有灾祸。

【精注】

①无妄卦：震下乾上，象征不妄为。②其匪正有眚：指不持守正道就会有灾祸。匪，同『非』。正，指正道。眚，灾祸。③菑：开垦一年的瘠田。这里用作动词，意为开垦。畬：熟田。④无妄之灾：意想不到的灾祸。或：有人。系：拴。行人之得：路人顺手牵走据为己有。邑人之灾：邑中人家遭受缉捕的横祸。⑤勿药有喜：不治疗病就痊愈了。

【今译】

无妄卦　象征不要妄为。无妄卦的卦象是下单卦为震，震为动，为雷；上单卦为乾，为天。两单卦结合天雷无妄。指天下万物与之相应，不妄行，不妄为也。此卦为亨通、吉祥。若不持守正道就会有灾祸，不宜妄动。

初九　不妄为，承天之命，行天子之道，定获吉祥。

六二　不期望不耕而获，不垦而熟，要静听自然以收其成。有利于所为。

六三　遭遇意想不到的灾祸，比如系在路边的一头耕牛，路人顺手把它牵走据为己有，邑中人家却遭受被缉捕的牵连。

九四　固守中正无妄之理，刚健无私，没有什么灾祸。

九五　中正得位，坦然任之，正如健康之人患无关生命的小病，不治疗病就痊愈了。

上九　无志妄为行动，将有灾祸，且自毙之。

【集解】

无妄。

何妥曰：乾上震下，天威下行，物皆絜齐，不敢虚妄也。

疏 上体乾，『乾为天』，为威。《左传》曰『天威不违颜咫尺』是也。下体震，震足为『行』，故云『天威下行』。互体巽，《说卦》曰『齐乎巽，言万物之絜齐也』，故云『物皆絜齐』。阳为实，乾阳在上，至诚动物，物以诚应，故『不敢虚妄也』。

元亨利贞。

虞翻曰：遁上之初。此所谓四阳二阴，非大壮则遁来也。刚来交初，体乾，故『元亨』。三四失位，故『利贞』也。

疏 四阳二阴之例，非大壮则遁，无妄从遁来也。依例，当三之初，此云『上之初』者，消卦之始，特正乾元，与否上成益同义也。上刚来交于初，其体为乾，乾元得正，而又交通，故『元亨』。三四上皆失位，独言『三四失位，故利贞』者，爻位三上相易，三正则上亦正，因卦辞别出『匪正』，故独言『三四』，不及上也。卦虽『利贞』，其正者四耳。三系于四，不肯与上易位，故上有『匪正』之象。

其匪正有眚，不利有攸往。

虞翻曰：『非正』谓上也。四已之正，上动成坎，故『有眚』。变而逆乘，天命不右，故『不利有攸往』矣。

疏 三上易位，正也。三不变而上变，是为『匪正』，故『非正谓上也』。四已变正，上动成坎，其体为屯。坎『为多眚』，故为『有眚』。上不变则成益，益『利用为大作』。变而成坎，逆乘阳位，则『天命不右』，故『不利有攸往』。且体屯，屯，难也，屯『元亨利贞』，而曰『勿用有攸往』，无妄『元亨利贞』，而『不利有攸往』，屯之难在初，无妄之眚在上也。

初九。无妄，往吉。

虞翻曰：谓应四也。四失位，故命变之正，四变得位，承五应初，故『往吉』，在外称『往』也。

疏　初为卦主，物所由无妄者也，故直曰『无妄』。『谓应四也』者，释『往』义也。初正应四，四阳失位为敌应，四互巽为命，故『命变之正』，《象传》所谓『大亨以正』也。变正，故『得位』。上承五，下应初，故『往吉』。四在外，故云『在外称往也』。

六二。不耕获，不菑畬，则利有攸往。

虞翻曰：有益耕象，无坤田，故『不耨』。震为禾稼，艮为手，禾在手中，故称『获』。田在初，一岁曰『菑』。在二，二岁曰畬。初爻非坤，故『不菑畬』也。得位应五，利四变之益，则坤体成，有『耒耨之利』。故『利有攸往』，在应五也。

疏　卦体以益。《系辞下》曰『耒耨之利，以教天下，盖取诸益』，故『有益耕象』。益互坤，无妄四未变无坤田，故『不耨』。『耨』犹『耕』也。『震于稼为反生』，故『为禾稼』。互『艮为手』。震禾在艮手，有『获』象，故『称获』。初二于三才为地道，故『田在初』。《释地》：『一岁曰菑，二岁曰新田，三岁曰畬。』郑注《坊记》，引此爻云『田一岁曰菑，二岁曰畬，三岁曰新田』。此云『在二，二岁曰畬』，从郑注也。又云『初爻非坤，故不菑而畬』，亦沿『二岁曰畬』，故云然也。当以《尔雅·释地》为正。盖初九震足动，田之始，为一岁，有『菑』象。五应二历三爻，为三岁，有『畬』象。耕获菑畬，望利者也。六二得位，上应于五。『二与四同功』，四变成益，则坤体为田，益『有耒耨之利』。『不耕而获』，谓不于耕而期获也。『不菑畬』，谓不于菑而期畬也。无妄，马、郑皆训无所希望。《史记》直作『无望』，谓无所期望而有得，既董子所谓『不谋利』『不计功』之心也，故『利有攸往』。二与五为正应，故云『往应五也』，谓『天之所助者，顺也』。

六三。无妄之灾，或系之牛。行人之得，邑人之灾。

虞翻曰：上动体坎，故称『灾』。四动之正，『坤为牛』，艮为鼻、为止，巽为桑、为绳。系牛鼻而止桑下，故『或系之牛』也。乾为『行人』，坤为『邑人』。乾四据三，故『行人之得』。三系于四，故『邑人之灾』。或说以四变，则牛应初震，坤为死丧，故曰『行人得牛，邑人灾也』。

疏　三应上，上动体屯，为坎『多眚』，故『称灾』。四变正体坤，故『为牛』。山泽通气，山虚受泽，故『艮为鼻』。

艮以止之，故『为止』。巽为木，故『为桑』。为绳直，故『为绳』。又艮为手，以绳系牛鼻而止于桑下，四为巽而系三为坤，故曰『或系之牛』也。乾健为『行人』，四也。坤众为『邑人』，三也。『乾四据三』，是四系三，为有所得，故曰『行人之得』。三系于四不变，上独变成屯，故曰『邑人之灾』也。行人得牛，邑人受灾，故曰『无妄之灾』。或说以四变坤为牛，应初震为『行人』。坤为死丧，故三为『灾』。此言初得四，三受灾，故曰『行人得牛，邑人之灾』。义亦略同，但不备耳。

九四。可贞，无咎。

虞翻曰：动得正，故『可贞』。承五应初，故『无咎』也。

疏 四失位，动则得正，故曰『可贞』。变正成阴，上承五阳，下应初阳，阴阳相得，故『无咎也』。

九五。无妄之疾，勿药有喜。

虞翻曰：四已之正，上动体坎，坎为『疾』，故曰『无妄之疾』也。巽为木，艮为石，故称『药』。坎为多眚，药不可试，故『勿药有喜』。『康子馈药，丘未达，故不尝』，此之谓也。

疏 四已变正，上动则体坎，坎为心病，故『为疾』。外三皆坎，疾归于五，故曰『无妄之疾也』。『巽为木』，『艮为石』，本《说卦》。《天官·疾医》：『以五药养其病。』郑注『五药，草木虫石谷也』，故巽木艮石『称药』。『坎为多眚』，眚，败也。故药不可以尝试。五阳为『喜』，故『勿药有喜』。『康子馈药，丘未达，不敢尝』，《论语》文，引之以明药『不可试』之意。

愚案：五得中得正，宜无疾。五之疾，四之疾。四之疾，遁之疾也。遁三曰：『系遁，有疾厉。』遁上之初成无妄，则遁三之疾，四受之矣。五乘四疾。故为『无妄之疾』。震阳为『喜』，故『勿药有喜』也。

上九。无妄，行有眚，无攸利。

虞翻曰：动而成坎，故『行有眚』。乘刚逆命，故『无攸利』。『天命不右，行矣哉』。

疏 四已变正，上动成坎，坎为多眚，下应震为『行』，故『行有眚』。据五为『乘刚』，五至三体巽象为『命』，变坎乘巽为『逆命』，位不得正，故『无攸利』。卦辞曰『其匪正有眚，不利有攸往』，指上九也。又引《彖辞》『天命不右，行矣哉』者，明爻言『行有眚』之意也。

大畜卦第二十六 ䷙

【原典】

乾下艮上 大畜①，利贞。不家食，吉。利涉大川。②

初九 有厉，利已。

九二 舆说腹。③

九三 良马逐，利艰贞，吉。日闲舆卫，利有攸往。④

六四 童牛之告，元吉。⑤

六五 豮豕之牙，吉。⑥

上九 何天之衢，亨。⑦

【导读】

大畜卦讲的是蓄聚、蓄积的道理，透露了人的行为应当有所收敛的思想。卦象下乾上艮，乾为健，艮为止，虽健亦有所止，乃能大畜。初九强调『利已』，九三强调『利艰贞』（宜于在艰难的条件下守正道），都意在表明自觉地制约自己，以免咎灾。

【精注】

①大畜卦：乾下艮上，象征积蓄。畜，同『蓄』。②不家食：非求食于家，而食禄于朝。指应去外面劳动使有所积蓄。③舆说腹：舆指车子。腹：同『玥』是古代木车下的横木，车轴由它固定、转动。车子停下来，就将玥取下。走时再套上去。说：同『脱』，脱离。④逐：奔驰。闲：练习。卫：防止。⑤童牛：没有长角的小牛。告：通『牿』，牛角上束的横木。⑥豮豕之牙：豮与牿同义。指对猪牛的驯养，去掉它们的野性。⑦何天之衢：何其畅达的通天之路。衢，四通八达的道路。

【今译】

大畜卦 象征积蓄。大畜卦卦象是下单卦为乾，为天；上单卦为艮，为山。两单卦结合，刚健无比的乾被艮止住。阴刚之气积聚之为之大畜。占得此卦吉利。不求食于小家，而利于食禄在朝，定获吉祥。宜于涉越大江大河。

初九　积蓄不可求成之心过切，要适可而止，这样才会有利。

九二　马车与车煪脱离，车子自然会停下来不前进。

九三　千里马善于奔驰，驾车人技术娴熟，卫士抓紧练车、演兵，行则无所不利。

六四　在小牛的头上绑一根短木，以防止它长出角后顶人，这是大吉大利的。

六五　野猪不易驯服，要制服它只能将它阉了，使其牙齿退化而圈居，将会吉祥。

上九　多么畅通的通天之路，亨通顺利。

【集解】

大畜。利贞。

虞翻曰：大壮初之上，其德刚上也。与萃旁通。二五失位，故『利贞』。此萃五之复二成临，『临者，大也』。至上有颐养之象，故名『大畜』也。

疏　自大壮来，初九之上，故《传》谓『其德刚上』也。反『萃』，故与萃旁通。二五失阴阳正位，故『利贞』。消息卦萃五之复二成临，而息二阴反艮，是为大畜。『临者，大也』，《序卦》文。三至上有颐象，颐者，养也，故名大畜，亦兼取颐名畜。小畜无养象，故知此名不正取颐。盖阴称小，阳称大。小畜谓四，四阴故『小』。大畜谓上，上阳故『大』。上体艮，艮为止，以艮畜乾，谓之『大畜』。

不家食，吉，利涉大川。

虞翻曰：二称『家』。谓二五易位，成家人，家人体噬嗑食，故『利涉大川，应乎天也』。

疏　二位大夫『称家』，详见蒙二。又二五易位，变成家人，家人初至五体噬嗑，又互体兑，兑为口，皆有食象，故曰『家食』。五为天德，五应而变，二五既正，上变既济，不成家人，故曰『不家食吉』。既济重坎相承，故曰『利涉大川』。二五相应，故『应乎天地』。

案：三至上体颐，有『食』象。颐在外，故『不家食』。互兑为泽，泽决为『川』。互震为足，足行为『涉』。故『利涉大川』。

初九。有厉，利已。

王弼曰：四乃畜己，未可犯也。进则灾危，『有厉』则止，故能『利已』。

疏 初与四应，故『四乃畜己』。二变四成坎，坎险为危，故『未可犯也』。初四皆正，变则失位，故『进则灾危』。因『有厉』而止，则能『利已』。此言止则有利于我也。又已，止也。四居艮而止初，初正应四，不可妄进，故利于止也。

九二。舆说腹。

虞翻曰：萃坤为舆、为腹，坤消乾成，故『舆说腹』。『腹』，或作『輹』也。

疏 与萃旁通。萃坤为舆，又为腹，皆《说卦》文。今成大畜，则乾成坤毁，故为『舆说腹』，与小畜同义。且『兑为毁折』，故有『说腹』之象。『腹』，古文，『煪』，今文，故『腹』或作『煪』也。

九三。良马逐，利艰贞，吉。日闲舆卫。

虞翻曰：乾为『良马』。震为惊走，故称『逐』也。谓二已变，三在坎中，故『利艰贞吉』。离为『日』，二至五，体师象，坎为闲习。坤为车舆，乾人在上，震为惊卫，讲武闲兵，故曰『日闲舆卫』也。

疏 『乾为良马』，《说卦》文。震惊百里，又为足，故『为惊走』。马而惊走，『故称逐也』。二已变正，三在坎中，坎险为『艰』，得正为『贞』，故『利艰贞吉』。利二变也。乾成则二变，天道也。二变体离『为日』。二至五体师象，故言『舆卫』。凡武备皆谓之『卫』。《考工记》：『周人上舆，有六等之数。』皆以『卫』名，是『舆』亦可称『卫』也。闲，马郑皆云『习也』。坎称习坎，故为『闲习』。《尚书大传》『战斗不可不习，故于蒐狩以闲之』是也。坤为大舆，故『为车舆』。乾阳生为人，畜乾伏萃坤舆，故『乾人在上』。震惊百里为『惊卫』，言卫以防惊也。《晋语》曰『车有震武』。震言为『讲论』，故『讲武闲兵』。『日闲舆卫』，郑氏谓『日习车徒』是也。九三刚健当位，与上同德，然驰逐不已，必有奔蹶之患，故戒以艰贞则吉。闲习舆卫，则利有攸往。

案：马牛豕皆畜，大畜畜之也。故于马言『闲』，于牛言『牿』，于豕言『牙』，皆艮止之象。四五在艮，三亦应艮上也。

利有攸往。

虞翻曰：谓上应也。五已变正，上动成坎，坎为「志」，故「利有攸往」，与「上合志也」。

疏 三应上，故「谓上应也」。五失位，变之正，上动成坎，坎心「为志」。三往应之，「刚上而尚贤」，故与「上合志也」。

六四。童牛之告，元吉。

虞翻曰：艮为「童」。五已之正，萃坤为「牛」。「告」谓以木福其角。大畜，畜物之家，恶其触害。「艮为手」、为小木，巽为绳。绳缚小木，横著牛角，故曰「童牛之告」。得位承五，故「元吉」而「喜」。「喜」谓五也。

疏 艮为少男，故「为童」，与蒙六五「童蒙」同义。五变之正，与萃旁通。「萃坤为牛」。《说文》：「告，从口从牛。牛触人，角著横木所以告。」故云「告谓以木福其角」也。「告」俗作「牿」，《说文》及《九家易》作「告」是也。大畜之家，取象牛羊，义取畜养。豕交兽畜，亦有畜义，故云「畜物之家」。牛性觝人，故「恶其触害」。「艮为手」，《说卦》文。艮小石，又于木坚多节，故为「小木」。巽为绳直，故「为绳」。「绳缚小木，横著牛角」，以萃艮巽在坤上也。福以防其触害，故曰「童牛之告」。柔得正位，上承五阴，畜阳有朋，故「元吉而喜」。初利已，故不言喜。四承五，故言喜五也。

愚案：萃坤为牛，四在兑初，阳刚方长，为角始生之象，在畜则伏而不见，故为「童牛之告」。至上九则角成矣，如「晋其角」是也。惟于阳刚方伏，即柔以制之，在旁通为柔止刚，在大畜为艮止乾，皆「元吉」之道也。

六五。豮豕之牙，吉。

虞翻曰：二变时，坎为豕。剧豕称「豮」，令不害物。三至上体颐象。五变之刚，巽为白。震为出。刚白从颐中出，「牙」之象也。动而得位，「豮豕之牙吉」。

疏 二变正应五成坎，「坎为豕」，《说卦》文。「剧豕称豮」者，《说文》：「豕，去势曰豮。」又云「剧从豦从刀」，又云「司马相如说豦，封豕之屑。剧者，以刀去豕势也」。豮豕刚躁，去势令不害物也。三至上体颐象，五变为刚成巽。「巽为白」，《说卦》文。「帝出乎震」，故「震为出」。刚白之物出乎颐中，其象为「牙」。五失正，变得位，故『豮豕之牙吉』。

案：《释兽》曰『豕子猪㹠豮幺幼』。郭注云『俗呼小豮猪为㹠子，最后生为幺豕』。『豮豕』犹『童牛』也。牙者，畜豕之杙。东齐海岱之间，以杙系豕，防其唐突，与『童牛之告』同义也。

上九。何天之衢，亨。

虞翻曰：何，当也。衢，四交道。乾为天，震艮为道。以震交艮，故『何天之衢』。『亨』，上变，坎为亨也。

王弼曰：处畜之极，畜极则亨。何，辞也，犹云何畜。乃天之衢亨，道大行也。

疏 虞注：『何』与『荷』通，梁武帝读音贺是也。训『当』者，犹担当也。刚在上，能胜其任，故为『何』。与《商颂》『何天之休』『何天之龙』同义。《释宫》『四达谓之衢』，故云『衢，四交道』。『乾为天』，《说卦》文。震为大涂，艮为径路，故『为道』。震涂艮路交于乾天，故曰『何天之衢』。亨者，通也。交于天道，变坎为既济，坎为通，故亨也。

案：郑注『艮为手。手上，肩也。乾为首。首肩之间，荷物处。乾为天，艮为径路，天衢象也』。又云『人君在上位，负荷天之大道』，义亦可通。

王注：上处畜极，畜极必通。孔疏『何谓语辞，犹云何畜也。处畜极之时，更何所畜，乃天之衢亨，无所不通也』。

愚案：上变成泰，『则是天地交而万物通』，应天之象也。『上下交而其志同』，养贤之象也。泰者，通也。卦辞言『利贞』。上利变正则元亨，故曰『何天之衢亨』。

颐卦第二十七 ䷚

【原典】

震下艮上 颐①，贞吉。观颐，自求口实。②

初九 舍尔灵龟，观我朵颐，凶。③

六二 颠颐，拂经于丘颐，征凶。④

六三 拂颐，贞凶。十年勿用，无攸利。⑤

六四 颠颐，吉。虎视眈眈，其欲逐逐，无咎。⑥

六五　拂经，居贞吉。不可涉大川。

上九　由颐，厉，吉，利涉大川。

【导读】

颐卦着重讲『颐养』，提倡『自求口实』，即依靠自己解决物质供应问题。『拂经于丘』，开垦阡陌以广农产，是解决颐养问题的正道。反对『舍尔灵龟，观我朵颐』，按现在的说法就是要自食其力。

【精注】

①颐卦：震下艮上，象征颐养。颐即下巴的通称，观颐：观其所养，观察某一时间、某一特定环境中的吉或凶，以求养颐好自己。②口实：食物。③尔：你。灵龟：指卜得的龟兆。古人认为龟不死而能长寿，是神物，所以龟甲行卜，并且称之为灵龟。朵颐：朵：指下巴垂下，馋涎欲滴的样子。观我朵颐：即指看着我吃饭眼馋。④颠：指自己居中正之位，应不缺颐养的，却求之他人，求不着，又向下求，故曰颠颐。拂经：违背常理。于丘颐：向高处上索取颐养，甚至不惜使用武力征伐。⑤拂颐：违背颐养之道，违逆了常理。⑥逐逐：迫切的追求。

【今译】

颐卦　象征颐养。颐卦卦象是下单卦为震，震为动，为雷；上单卦为艮，为山。观两单卦结合，似作咀嚼状。通过观察能够体会颐养的具体实例，以及自己是如何谋取口中食物的，这样能得到颐养之道。

初九　丢弃你灵龟般的聪慧，却咂嘴咂舌，观看我蠕动的两腮，必有凶险。

六二　不是厚施于民，而是侈民之美。甚而违逆常规，以致上为君所恶，下为民不齿。前进的途中必然遭遇凶险。

六三　违反颐养之道，终因不正而有余殃。天道十年一变，得失凶吉，自有天命。

六四　柔居尊位，求养于下，难免受到鄙夷，故须眈眈而视，威而不显，没有什么灾祸。

六五　尽管违逆常理，但他上求是为了施教施养于下民，故天理顺，人性通达，必无险阻。

上九　养万民，养贤人，正己无私，能涉险渡过难关。

【集解】

颐。贞吉。

虞翻曰：晋四之初，与大过旁通。『养正则吉』，谓三之正，五上易位，故『颐，贞吉』。反复不衰，与乾、坤、坎、离、大过、小过、中孚同义，故不从临、观四阴二阳之例。或以临二之上，兑为口，故有『口实』也。

疏 消息之卦，颐从晋来，故云『晋四之初』。反大过。大过，坎象也。颐，离象也。皆从乾坤来。大过体坎，乾初所伏。颐体离，坤初所伏。大过通颐，故云『与大过旁通』。『养正则吉』，《彖传》文。六爻三五上皆失正，三变之正，五上易位，成既济定，则六爻皆正，故曰『颐，贞吉』也。『反复不衰』，谓上下如一。颐与乾、坤、坎、离、大过、小过、中孚同义，皆终则复始，反复不杀者也。乾、坤、坎、离为四纯卦，颐、大过、小过、中孚皆震、巽、艮、兑四宫游魂卦也。晋，乾宫游魂卦。故颐从晋来，而不从临、观四阴二阳之例也。或以临二之上。临兑为口，故有『自求口实』之象。义亦可通，故存之以广异解。

观颐。

虞翻曰：离为目，故『观颐』，『观其所养也』。

疏 卦自晋来，晋『离为目』。颐全体似离，亦为目。离目，故『观颐』。颐，养也。故『观其养』。侯氏以颐从观来，故曰『观颐』。从四阴二阳之例，义亦可从。

自求口实。

虞翻曰：或以大过兑为口，或以临兑为口。坤为『自』，艮为『求』。『口实』，颐中物，谓其『自养』。

郑玄曰：颐，口车辅之名也。震动于下，艮止于上。口车动而上，因辅嚼物以养人，故谓之『颐』。颐，养也，能行养则其干事，故吉矣。二五离爻皆得中，离为目，观象也。观颐，观其养贤与不肖也。颐中有物曰『口实』，自二至五有二坤，坤载养物，而人所食之物皆存焉。观其求可食之物，则贪廉之情可别也。

疏 虞注：旁通大过，故『以大过兑为口』。卦自临来，故『以临兑为口』。互坤身『为自』。艮兑『同气相求』，故『艮为求』。《说卦》『艮为果蓏』，宋衷彼注云『木实谓之果，草实谓之蓏』。口实，果蓏之属，故云『颐中物』

也。『求口实』，所以『自养』也。

郑注：《说文》：『颐，颔也。』《左传·僖公五年》：『辅车相依。』注云『辅，颊辅。车，牙车』，疏云『辅为外表，车为内骨』，故云『口车辅之名也』。震，动也，其象在下。艮，止也，其象在上。上止下动，『口』之象也。牙车动而上行，辅颊因嚼物以养人，故名为『颐』。『颐，养也』，本《序卦》文。人能行养，则其干事贞固，故吉矣。二五皆离之中爻，故『离为目』。离目，故为『观象也』。『观颐』者，观其所养之贤不肖也。『艮为果蓏』，故『颐中有物曰口实』。自二至五互有二坤，京氏谓『地之气，萃在其中』是也。《坤·象》曰『厚德载物。』《说卦》曰『坤也者，地也，万物皆致养焉』，故云『坤载养物，而人所食之物皆存焉』。震动象贪，艮止象廉。又震象贪狼木，体似离象廉贞火，故『观其求可食之物，则贪廉之情可别也』。

初九。舍尔灵龟，观我朵颐，凶。

虞翻曰：晋离为龟，四之初，故『舍尔灵龟』。坤为『我』，震为动。谓四失离入坤，远应多惧，故『凶』矣。

疏 卦自晋来，故云『晋离为龟』。初与四应，晋四之初，故曰『舍尔灵龟』。《春官·龟人》：『掌六龟之属，天龟曰灵。』注云『天龟玄俯者，灵也』。坤为身，故『为我』。朵，下垂而动之貌。震为动。故『观我朵颐』。四舍离入坤，远应于初，四本『多惧』而又动于欲，故『凶』。又《说卦》：『离为龟。』离，外刚内柔之卦，《考工记》『外骨龟屑』是也。颐上下两阳，中含四阴，本末皆刚，全体似离，故取象于龟。损之六五，益之六二，皆是义也。

六二。颠颐，拂经于丘颐。征凶。

王肃曰：养下曰『颠』。拂，违也。经，常也。丘，小山，谓六五也。二宜应五，反下养初，岂非『颠颐』。违常于五也，故曰『拂经于丘颐』。拂丘虽阻常理，养下故谓养贤。上既无应，征必凶矣，故曰『征凶』。

疏 《释名》：『颠，倒也。』《书·微子》『若予颠烨』，疏谓『从上而陨』。初从上陨而二养之，故『养下曰颠』。『拂』与『咈』通。《说文》『咈，违也』。《书·酒诰》：『经德秉哲。』孔传『能常德持智』，故『经』训『常』也。五体艮，艮为山，五在山半称『丘』，艮少为『小』，故云『丘，小山，谓六五也』。二当上应于五，反乘初养下，是颠倒其颐，而违应五之常经，故曰『拂经于丘颐』。拂五虽违常理，养初亦为养贤。五既失位，往必无应，故『征凶』。

六三。拂颐，贞凶。十年勿用，无攸利。

虞翻曰：三失位，体剥。不正相应，弑父弑君，故『贞凶』。坤为『十年』，动无所应，故『十年勿用，无攸利』也。

疏 以六居三为『失位』，二至上体剥，违于养道，故『拂颐』。三与上皆不正，虽相应，亦不义之应也。阴消至二成遁，艮子弑父。至三成否，坤臣弑君。『贞凶』者，谓失正不变而凶也。月十二会为『年』。象坤阴爻。坤癸数十，故『为十年』。动与上为敌应，故『动无所应』。坤器为『用』。云『勿用』，故知谓动也。三『道大悖』，虽变犹凶，故『十年勿用，无攸利』也。

六四。颠颐，吉。虎视眈眈，其欲逐逐，无咎。

王弼曰：履得其位而应于初，以上养下，得颐之养，故曰『颠颐，吉』。下交近渎则咎矣，故『虎视眈眈』，威而不猛。故『其欲逐逐』而尚敦实。修此二者，乃得全其吉而无咎矣。观其自养则养正，察其所养则养贤。颐爻之贵，斯为盛矣。

疏 居正得位，下应于初。四在上体，初在下体，『以上养下』为『颠颐』。得颐之正，故『吉』也。以上养下，不可亵渎。故必『虎视眈眈』，则威而不猛。既养于下，不可有求，故必『其欲逐逐』，而尚乎敦实也。修此二者，虽颠颐养下，亦得全其吉而无咎矣。孔疏：『「观其自养则履正」者，以阴处阴，四自处其身，是观其自养，则能履正道也。「察其所养则养阳」者，六四下养于初，是观其所养，初是阳爻，则能养阳也。』『养贤』，注疏本作『养阳』。阳在艮称贤，初阳不称贤，故从『养阳』为是。养正养阳，故『颐爻之贵，斯为盛矣』。

愚案：内动于欲，故三爻皆凶。外止乎理，故三爻皆吉。初为动之始，虽不食如灵龟，亦舍之而观朵颐，欲方兴也。四为止之始，虽『虎视眈眈，其欲逐逐』，而不至咥人，理已正也。

六五。拂经，居贞居。不可涉大川。

虞翻曰：失位，故『拂经』。无应顺上，故『居贞吉』。艮为『居』也。涉上成坎，乘阳无应，故『不可涉大川』矣。

疏 五失正位，故『拂经』，谓拂常也。二无正应，宜顺乎上，故必变而居正则吉矣。艮为门阙，故『为居』。五若涉上易位，成坎为『川』，则已乘五阳而三无正应，故『不可涉大川矣』。

上九。由颐，厉，吉。

虞翻曰：由，自从也。体剥居上，众阴顺承，故『由颐』。失位，故『厉』。以坤艮自辅，故『吉』也。

疏 《释诂》曰『由，自也』。故训『由』为『自从也』。自二至上体剥。九居于上，为卦之主。四阴互两坤，象顺承于下。众阴皆致养，而主之者，上也，是『由颐』。与豫九四『由豫』同义。上『失位故厉』。坤居西南，艮居东北，两相对照，以土辅土为『自辅』，故『吉也』。

愚案：成卦虽在两阳，而颐实由上，以上为养主也。初动于欲，虽得正亦凶。上止乎理，虽失位亦吉。

利涉大川。

虞翻曰：失位，故『厉』。之五得正成坎，坎为『大川』，故『利涉大川』。变阳得位，故『大有庆也』。

疏 九失正位，故有危厉。五上易位，则『得正成坎』。坎水『为大川』，故『利涉大川』。五易上位，则有逼上之嫌，故『不可涉大川』。上易五位则有屈己之道，故『利涉大川』。五上易位，上五皆正，故云『变阳得正』。阳称『大』、称『庆』，故『大有庆也』。

大过卦第二十八 ䷛

【原典】

巽下兑上 大过①，栋桡，利有攸往，亨。②

初六 藉用白茅，无咎。③

九二 枯杨生稊，老夫得其女妻，无不利。④

九三 栋桡，凶。

九四 栋隆，吉。有他吝。

九五　枯杨生华，老妇得其士夫，无咎，无誉。⑤

上六　过涉灭顶，凶，无咎。

【导读】

大过卦所讲的大多属于反常现象，如「栋桡」「栋隆」「有他」「枯杨生稊」「枯杨生华」「过涉灭顶」等，对于这些反常现象，大过卦分析了人们处理问题可持的态度与方法。通过「栋桡」、年龄不相称的婚姻、过河被灭顶等爻象断其吉凶，供人们在类似状况下参考。这些爻象、爻辞所反映的社会生活离我们的生活已很遥远，但大过卦所强调的非常时期应有独立不惧的精神，以及对非常事件采用非常方法的观点，即使在现代也对人有所启示。

【精注】

①大过卦：巽下兑上，象征大有过越。②栋桡：栋是指栋梁之才，房子的梁木。桡是弯曲。是说梁弯曲了。③藉：铺垫。白茅：古代不用桌椅，席地而坐。祭祀时将供品放在地上。地上铺一层洁白的茅草，以示虔诚。④稊：老树生新芽。女妻：年少的妻子。⑤华：花。士夫：幼夫。

【今译】

大过卦　象征大有过越。大过卦卦象是下单卦为巽，巽为风，为木，为喜；上单卦为兑，兑为泽，为悦。两单卦结合，喜与悦过于齐美，则「过」了，所谓「大过之时大矣」。屋梁压得弯曲了，有所往则有利。

初六　白茅草洁而朴素，恭敬地用它垫着祭品，可以没有什么灾祸。

九二　杨比喻阳木，阳亢则枯，根下生出新芽，老头子娶少女为妻。这样没有什么不吉利。

九三　躁于进而不体恤属下，必怨声大作。做事要有度。

九四　刚柔相济，尚可以隆而不亢，如若上弱相辅，则不足以胜任，行事反受制带。

九五　枯萎的杨树开新花，年迈的老妇人嫁个年轻人，正如阳过已极，下无相济之阴，终必至危。亢极而屈似失所之阴有，必自辱之。

上六　水盛涨而仍要徒涉，尽管有灭顶之患，但终归没有灾难。

【集解】

大过。栋桡。

虞翻曰：大壮五之初，或兑三之初。「栋桡」谓三，巽为长木，称「栋」。初上阴柔，「本末弱」，故「栋桡」也。

疏 卦自大壮来，六五之初，从四阳二阴之例也。「或兑三之初」者，坤尽于夬，至大过而生姤，夬兑下成巽，坤之终始也。与颐旁通。阳大阴小，郑云「阳爻过也」。二取初，五取上，三「栋桡」，四「有他吝」，四阳爻皆失之过，故名「大过」。九三爻辞曰「栋桡」，故知「栋桡谓三」。巽为长为木，故「为长木」。栋，屋檼，以长木为之，故「巽为长木称栋」。初上阴柔，初为本，上为末，故「本末弱」。桡，曲折也。《说卦》曰「兑为毁折」，又曰「桡万物者，莫疾乎风」。以毁折而过巽风，故「栋桡也」。

利有攸往，亨。

虞翻曰：谓二也。「刚过而中」，失位无应，利变应五，之外称「往」，故「利有攸往」，乃「亨」也。

疏 《彖》曰「大者过也」，谓二失位，故知往谓二也。「刚过而中」，《彖传》文。二既失位，上无正应，利变之正，上应乎五。「之外称往」，谓应五也。变正，故「利有攸往，乃亨也」。

初六。藉用白茅，无咎。

虞翻曰：位在下称「藉」，巽柔白为「茅」，故「藉用白茅」。失位，咎也。承二，过四应五士夫，故「无咎」矣。

疏 《周礼·乡师》曰「大祭祀其茅藉」，郑兴彼注云「祭前藉」。藉在下，故云「位在下称藉」，以象初也。巽为草木，刚爻「为木」，柔爻为草，又「为白」，故云「巽柔白为茅」。在下，故「藉用白茅」。初阴失位，宜有咎矣。上承二阳，二正应五，初正应四。今承二，过四而应五士夫，所谓「藉」也。刚柔相应，故「无咎」也。又初失位，与四易位得正，故「无咎」。

九二。枯杨生稊，老夫得其女妻，无不利。

虞翻曰：稊，稺也。杨叶未舒称「稊」。巽为「杨」，乾为「老」，老杨故「枯」。阳在二也，十二月时，周之二月。兑为雨泽，枯杨得泽复生稊。二体乾老，故称「老夫」。「女妻」谓上兑。兑为「少女」，故曰「女妻」。大过之家，「过以相与」，「老夫得其女妻」，故「无不利」。

疏 「稊」训「稺」者，《说文》「稺，幼禾也」，是稊，草木初生貌也。《夏小正》曰「柳稊」，又曰「时有见稊」，故云「杨叶未舒称稊」也。「巽为杨」，《九家·说卦》文。乾盈将退，故称「老」。《方言》：「乾，老也。」从《易》义也。「老杨故枯」者，乾至大过，嬗阴故「枯」。姤阴，故又「生稊」「生华」也。阳在二，十二月临时，于周为二月。二五爻独以爻当月者，大过时重阴始，故阳义全。二体临，五体央也。兑为泽，故「为雨泽」。「枯杨得泽复生稊」，二无正应，今过应上，「生稊」之象。杨少则稊，而老则华，故二为「稊」，五为「华」也。又震为反生，巽体伏震，故象「枯杨生稊」。二体互乾为老，故称「老夫」。上体兑，三索得女为「少女」，故曰「女妻」也。大过之家，初过四应五，上过三应二，是「过以相与」也。「老夫得其女妻」，过得其应，故「无不利」。

九三。栋桡，凶。

虞翻曰：「本末弱」，故「桡」。辅之益桡，故「不可以有辅」。阳以阳为「辅」也。

疏 三应在上，上柔爻，故「末弱」。将过上应初，初亦柔爻，故「本弱」。《传》曰「本末」，正指三所应之爻皆弱，「故桡」而「凶」也。「辅之」谓初上二爻，皆弱，故「辅之益桡」，而「不可以有辅也」。《比·彖传》曰：「比，辅也，下顺从也。」是阴比阳而谓之「辅」，故云「阳以阴为辅也」。

愚案：卦辞言「栋桡」而三独当之者，三处下体之上，而初弱下胜其任，又上应「兑为毁折」，故三独当「栋桡之凶」也。上阴可以辅阳，以初弱不能承三，则三亦不能为主。以弱济弱，故「不可以有辅也」。

又案：《释宫》：「栋谓之桴。」郭注「即屋脊也」。《说文》「栋，极也」。《逸雅》：「栋，中也，居屋之中也。」卦辞言「栋」，唯三四两爻，居卦之中，故皆言「栋」。

九四。栋隆，吉，有他吝。

虞翻曰：隆，上也。应在于初，已与五，意在于上，故「栋隆吉」。失位，动入险而陷于井，故「有他吝」。

疏 「隆，上也」，谓上六也。四正应初，乃不应初而与五相比，意在承上，以二阳承一阴，故「栋隆吉」。四失位，变则成坎为井，是「入坎险而陷于井」，故「有他吝」，戒其不可变也。

愚案：初为内卦之始，以一阴承二阳，而三处其上，故「栋桡凶」。四为外卦之始，比二阳以承一阴，而上处其极，故「栋隆吉」。四与上，故「吉」。若下应于初，则「有他吝」矣。《传》曰「不桡乎下」，不应下，故「不桡」也。

九五。枯杨生华，老妇得其士夫，无咎，无誉。

虞翻曰：阳在五也。夬三月时，周之五月。枯杨得泽，故「生华」矣。「老妇」谓初。巽为「妇」，乾为「老」，故称「老妇」也。「士夫」谓五。大壮震为「夫」，兑为「少」，故称「士夫」。五过二使应上，二过五使取初。五得位，故「无咎」。阴在二「多誉」，今退伏初，故「无誉」。体姤淫女，故「过以相与」，使应少夫，《象》曰「亦可丑也」。旧说以初为「女妻」，上为「老妇」，误矣。马君亦然。荀公以初阴失正当变，数六为「女妻」。二阳失正，数九为「老夫」。以五阳得正位不变，数七为「士夫」。上阴得正，数八为「老妇」。此何异俗说也？悲夫！学之难。而以初本为小，反以上末老，后之达者，详其义焉。

疏 阳在五时为夬，于夏为三月，于周为五月。夬时「枯杨得泽，故生华矣」。五为「杨」，犹四为「栋」，皆兑上反下为巽也。巽「长女」，象已嫁为「妇」，故「老妇谓初」，「巽为妇」也。巽入乾体，初亦称「老」，故「乾为老」，「称老妇也」。「士夫谓五」者，旁通大壮震「长男」为「夫」，大过兑「少女」为「少」，「故称士夫」。五本应二，今过二使应上。二本应五，今过五使取初。五得正位，「故无咎」。阴在二得位，「故多誉」。今巽为退伏居初，「故无誉」。初体姤象「淫女」，过四相与，使应五少夫，故《象》曰「亦可丑也」。马与旧说，取一卦之义，以初为「女妻」，上为「老妇」。荀氏之义，六为老阴而称「女妻」，八为少阴而称「老妇」。但以数多少为老少，于理有乖，故虞君同之俗说而不用也。

上六。过涉灭顶，凶，无咎。

虞翻曰：大壮「震为足」，兑为水泽。震足没水，故「过涉」也。顶，首也。乾为「顶」。顶没兑水中，故「灭顶，凶」。乘刚，咎也。得位，故「无咎」，与「灭耳」同义也。

疏 旁通大壮，故「大壮震为足」。体「兑为泽」，坎水半见，故「为水泽」。《风俗通》曰「涉始于足，足率长十寸，十寸则尺，一跃三尺，法天地人，再跃则涉」。《后汉书·赵典传》所谓「一为过，再为涉，三而弗改，灭其顶凶」，谓至上也。寻「涉」从水从步。步长六尺，以长为深，则涉深六尺，震足没水，故「过涉」者，涉者之过也。《释言》：『颠，顶也。』故云『顶，首也』。乾为首，故『为顶』，五互乾首，上则『顶』也。顶没兑泽中，是乾没于阴，故『灭顶凶』。上乘四刚，当有咎。以六居上，阴得其位，故『无咎』。『与「灭耳」同义』者，噬嗑上九，坎水自下没上，故曰『灭耳』与『灭顶』相似。噬嗑由否之泰消息卦，否上不反，坤弑父弑君，故曰『何校灭耳，凶』。此本大壮，阴伤阳。五已之初，而上阴灭乾，故凶。与『灭耳』同义。然大过之时，坤生乾没。上妻二生子，得位续阴，非其咎也。

愚案：自初至五，全体象巽。巽为草木，柔爻象草，故初言『茅』。刚爻象木，故二三四五言『杨』言『栋』。至上兑泽始成，故言『灭』。『灭木』『灭顶』，皆谓上也。